Italiaanse Keukenpracht

Een Verfijnde Verkenning van de Italiaanse Smaak

Alessia Rossi

INHOUDSOPGAVE

Broodnoedels in bouillon 9

Tiroolse Broodknoedels 11

Sperziebonen- en Worstsoep 14

Soep van Escarole en Kleine Gehaktballetjes 17

"Getrouwde" soep 19

Toscaanse vissoep 22

Dikke vissoep 25

Zeevruchten, pasta en bonensoep 27

Mosselen en kokkels in tomatenbouillon 31

Marinara-saus 34

Verse Tomatensaus 36

Tomatensaus, Siciliaanse stijl 38

Tomatensaus, Toscaanse stijl 40

Pizzaiola-saus 42

"Nep" vleessaus 44

Roze saus 47

Tomatensaus Met Ui 49

Geroosterde Tomatensaus 51

Ragù in Abruzzenstijl 53

Napolitaanse Ragù 56

Worst Ragù 60

Ragù in Marche-stijl 62

Toscaanse vleessaus 65

Ragù in Bologna-stijl 69

Eend Ragù 72

Ragù van konijn of kip 75

Porcini en vleesragù 78

Varkensragù met verse kruiden 81

Truffelvleesragù 84

Boter- en saliesaus 88

Heilige olie 90

Fontina Kaassaus 91

Bechamelsaus 92

Knoflooksaus 94

Groene Saus 96

Siciliaanse knoflook- en kappertjessaus 98

Peterselie en eiersaus 100

Rode Paprika- en Tomatensaus 103

Olijvensaus 105

Zongedroogde Tomatensaus 106

Pepersaus in Molise-stijl 107

Olijfolie Mayonaise 109

Sinaasappelmayonaisesaus 112

Zeevruchtengnocchi met tomaten- en olijvensaus 114

Groene gnocchi in roze saus 118

Griesmeelgnocchi 121

Abruzzese Broodknoedels 123

Met ricotta gevulde pannenkoeken 127

Abruzzese crêpe en champignontimbale 130

Toscaanse handgemaakte spaghetti met vleessaus 134

Pici met knoflook en broodkruimels 137

Griesmeel Pastadeeg 139

Cavatelli met Ragù 141

Cavatelli met calamares en saffraan 143

Cavatelli met rucola en tomaat 146

Orecchiette met Varkensragù 148

Orecchiette met Broccoli Rabe 150

Orecchiette met bloemkool en tomaten 152

Orecchiette met Worst en Kool 154

Orecchiette met zwaardvis 156

Witte Risotto 165

Saffraanrisotto, Milanese stijl 168

Risotto van asperges 171

Risotto met rode paprika ... 174

Risotto van Tomaat en Rucola ... 177

Risotto met rode wijn en radicchio ... 180

Risotto met romige bloemkool ... 183

Citroenrisotto ... 186

Spinazie Risotto ... 188

Gouden Pompoenrisotto ... 191

Venetiaanse Risotto Met Erwten ... 194

Lenterisotto ... 196

Risotto met Tomaten en Fontina ... 199

Risotto van garnalen en selderij ... 202

Risotto met "Zeevruchten" ... 206

Risotto "Zee en Berg" ... 209

Zwarte Risotto ... 212

Krokante Risottopannenkoek ... 216

Konijn, Porchetta-stijl ... 218

Konijn met Tomaten ... 220

Broodnoedels in bouillon

Passatelli in Brodo

Maakt 6 porties

Passatellizijn noedelachtige deegstrengen gemaakt van droge broodkruimels en geraspte kaas, samengebonden met losgeklopte eieren. Het deeg wordt door een apparaat dat lijkt op een aardappelrijsmachine of voedselmolen rechtstreeks in de kokende bouillon gevoerd. Sommige koks voegen een beetje vers geraspte citroenschil toe aan het deeg. Passatelli in bouillon was ooit een traditioneel zondagsgerecht in Emilia-Romagna, gevolgd door een braadstuk.

8 kopjes zelfgemaaktVleesbouillonofKippen bouillonof een mix van de helft uit de winkel gekochte bouillon en de helft water

3 grote eieren

1 kop vers geraspte Parmigiano-Reggiano, plus meer voor serveren

2 eetlepels zeer fijngehakte verse bladpeterselie

¼ theelepel geraspte nootmuskaat

Ongeveer ¾ kop droge broodkruimels

1. Bereid indien nodig de bouillon. Klop vervolgens de eieren in een grote kom tot ze gemengd zijn. Roer de kaas, peterselie en nootmuskaat erdoor tot een gladde massa. Voeg voldoende broodkruimels toe om een gladde, dikke pasta te vormen.

2. Als de bouillon niet vers is gemaakt, breng hem dan aan de kook in een grote pan. Proef de bouillon en pas eventueel de smaak aan.

3. Plaats een voedselmolen met een mes met grote gaten, een aardappelrooier of een vergiet met grote gaten over de pot. Duw het kaasmengsel door de voedselmolen of vergiet in de kokende bouillon. Kook op laag vuur gedurende 2 minuten. Haal van het vuur en laat 2 minuten staan voordat je het serveert. Serveer warm met extra kaas.

Tiroolse Broodknoedels

Canederli

Maakt 4 porties

Koks in Noord-Italië, dichtbij de Oostenrijkse grens, maken broodknoedels die totaal anders zijn dan de passatelli-knoedels uit Emilia Romagna. Net als de Oostenrijkse knödel worden canederli gemaakt met volkoren- of roggebrood, op smaak gebracht met salame (een gedroogde worst gemaakt van grofgemalen varkensvlees) of mortadella (een delicate worst gemaakt van zeer fijngemalen varkensvlees, op smaak gebracht met nootmuskaat en vaak hele pistachenoten). Ze worden in een vloeistof gestoofd en vervolgens in de bouillon geserveerd, maar ze zijn ook lekker met tomatensaus of botersaus.

8 kopjes zelfgemaakt Vleesbouillon of Kippen bouillon of een mix van de helft uit de winkel gekochte bouillon en de helft water

4 kopjes pitloos roggebrood van een dag oud of volkorenbrood

1 kopje melk

2 eetlepels ongezouten boter

½ kopje gehakte ui

3 ons salame, mortadella of gerookte ham, zeer fijngehakt

2 grote eieren, losgeklopt

2 eetlepels gehakte verse bieslook of verse platte peterselie

Zout en versgemalen zwarte peper

Ongeveer 1 kopje bloem voor alle doeleinden

½ kopje vers geraspte Parmigiano-Reggiano

1. Bereid indien nodig de bouillon. Laat het brood vervolgens in een grote kom 30 minuten in de melk weken, terwijl u af en toe roert. Het brood zou moeten beginnen af te brokkelen.

2. Smelt de boter in een kleine koekenpan op middelhoog vuur. Voeg de ui toe en kook, al roerend vaak, tot hij goudbruin is, ongeveer 10 minuten.

3. Schraap de inhoud van de koekenpan op het brood. Voeg het vlees, de eieren, bieslook of peterselie toe en zout en peper naar smaak. Roer beetje bij beetje voldoende bloem erdoor, zodat het mengsel zijn vorm behoudt. Laat 10 minuten staan.

4. Bevochtig uw handen met koud water. Schep ongeveer een kwart kopje van het mengsel op en vorm er een bal van. Rol de

bal door de bloem. Plaats de knoedel op een stuk vetvrij papier. Herhaal met het resterende mengsel.

5. Breng een grote pan water aan de kook. Zet het vuur lager, zodat het water net kookt. Voeg voorzichtig de helft van de dumplings toe, of net genoeg zodat de pot niet vol raakt. Kook 10 tot 15 minuten of tot de dumplings gaar zijn. Met een schuimspaan de dumplings op een bord leggen. Kook de overige dumplings op dezelfde manier.

6. Als u klaar bent om de soep te serveren, verwarm dan de bouillon tot het kookt. Voeg de dumplings toe en kook zachtjes gedurende 5 minuten of tot ze warm zijn. Serveer de dumplings in de bouillon met de geraspte kaas.

Sperziebonen- en Worstsoep

Zuppa di Fagiolini

Maakt 4 porties

Op een zomer, toen ik klein was, bezocht ik een oudtante die een prachtig oud Victoriaans huis had aan de kust van Long Island in New York. Elke dag kookte ze uitgebreide lunches en diners voor haar man, die niets minder dan drie gangen leek te verwachten. Dit was een van de soepen die ze zou bereiden.

Voor deze soep gebruik ik middelkorrelige rijst (de soort die ik voor risotto gebruik), omdat ik dat meestal in huis heb, maar langkorrelige rijst zou ook werken.

2 eetlepels olijfolie

1 middelgrote ui, gehakt

1 rode of gele paprika, gehakt

3 varkensworstjes op Italiaanse wijze

2 grote tomaten, geschild, zonder zaadjes en in stukjes gesneden, of 1 kopje tomaten uit blik, in stukjes gesneden

8 ons sperziebonen, bijgesneden en in hapklare stukjes gesneden

Snufje gemalen rode peper

Zout

3 kopjes water

¼ kopje middelkorrelige rijst, zoals Arborio

1. Giet de olie in een middelgrote pan. Voeg de ui, paprika en worstjes toe en kook, onder af en toe roeren, tot de groenten gaar zijn en de worstjes lichtbruin zijn, ongeveer 10 minuten.

2. Voeg de tomaten, sperziebonen, gemalen rode peper en zout naar smaak toe. Voeg 3 kopjes koud water toe en breng aan de kook. Zet het vuur lager en kook 15 minuten.

3. Breng de worstjes over naar een bord. Snijd de worstjes in dunne plakjes en doe ze terug in de pan.

4. Roer de rijst erdoor en kook tot de rijst gaar is, nog 15 tot 20 minuten. Heet opdienen.

Soep van Escarole en Kleine Gehaktballetjes

Zuppa di Scarola en Polpettini

Voor 6 tot 8 porties

Dit was mijn favoriete soep toen ik opgroeide, hoewel we hem alleen aten tijdens feestdagen en speciale gelegenheden. Ik kan het nog steeds niet laten, en ik maak het vaak.

4 liter zelfgemaakt[Kippen bouillon](of) een mix van de helft uit de winkel gekochte bouillon en de helft water

1 middelgrote kop escarole (ongeveer 1 pond)

3 grote wortels, gehakt

Gehaktballetjes

1 pond gemalen kalfs- of rundvlees

2 grote eieren, losgeklopt

½ kopje zeer fijngehakte ui

1 kopje gewoon broodkruimels

1 kopje vers geraspte Pecorino Romano, plus meer voor serveren

1 theelepel zout

Versgemalen zwarte peper, naar smaak

1. Bereid indien nodig de bouillon. Snijd vervolgens de escarole af en gooi gekneusde bladeren weg. Snij de uiteinden van de stengel af. Scheid de bladeren en was ze goed in koud water, vooral in het midden van de bladeren, waar de grond zich verzamelt. Stapel de bladeren op elkaar en snijd ze kruislings in reepjes van 1 inch.

2. Meng de bouillon, escarole en wortels in een grote pan. Breng aan de kook en kook 30 minuten.

3. Maak ondertussen de gehaktballetjes klaar: Meng alle ingrediënten voor de gehaktbal in een grote kom. Vorm met uw handen (of een kleine schepdispenser) kleine balletjes van het mengsel, ongeveer zo groot als kleine druiven, en plaats ze op een bord of bakje.

4. Als de groenten klaar zijn, laat je de gehaktballetjes één voor één voorzichtig in de soep vallen. Kook op laag vuur, tot de gehaktballetjes gaar zijn, ongeveer 20 minuten. Proef en pas de smaak aan. Serveer warm, bestrooid met geraspte Pecorino Romano.

"Getrouwde" soep

Minestra Maritata

Voor 10 tot 12 porties

Veel mensen gaan ervan uit dat deze Napolitaanse soep zijn naam dankt aan het feit dat hij werd geserveerd op bruiloftsbanketten, maar in feite verwijst 'getrouwd' naar de combinatie van de smaken van de diverse soorten vlees en groenten die de belangrijkste ingrediënten zijn. Het is een heel oud recept: ooit een gerecht dat mensen dagelijks aten, met alle stukjes vlees en groenten die ze maar konden vinden. Tegenwoordig wordt het als enigszins ouderwets beschouwd, hoewel ik me geen bevredigender maaltijd op een koude dag kan voorstellen.

In plaats van onderstaande groenten kun je snijbiet, witlof, boerenkool of kool gebruiken. Probeer Genua of een andere salami in Italiaanse stijl in plaats van de soppressata, of een hambot voor het prosciuttobot. Voor de beste smaak maak je de soep een dag voordat je hem serveert.

1 pond vlezige varkensribbetjes (varkensribbetjes in landelijke stijl)

1 prosciutto-bot (optioneel)

2 middelgrote wortels, bijgesneden

2 bleekselderijribben met bladeren

1 middelgrote ui

1 pond varkensworst op Italiaanse wijze

1 dikke plak geïmporteerde Italiaanse prosciutto (ongeveer 4 ons)

1 stuk soppressata van 4 ons

Snufje gemalen rode peper

1½ pond (1 kleine krop) andijvie, bijgesneden

1 pond (1 middelgrote bos) broccoli rabe, bijgesneden

1 pond (ongeveer de helft van een kleine kop) savooiekool, in reepjes gesneden

8 ons broccoli, in roosjes gesneden (ongeveer 2 kopjes)

Vers geraspte Parmigiano-Reggiano

1. Breng in een grote pan 5 liter water aan de kook. Voeg de varkensribbetjes, het prosciuttobot (indien gebruikt), wortels, selderij en ui toe. Zet het vuur lager en kook 30 minuten op middelhoog vuur.

2. Schep het schuim af dat naar de oppervlakte stijgt. Voeg de worst, prosciutto, soppressata en gemalen rode peper toe. Kook tot de varkensribbetjes gaar zijn, ongeveer 2 uur.

3. Was en snij intussen alle groenten. Breng een grote pan water aan de kook. Voeg de helft van de greens toe. Breng aan de kook en kook 10 minuten. Doe de greens met een schuimspaan in een vergiet boven een grote kom. Kook de resterende groenten op dezelfde manier. Goed laten uitlekken en laten afkoelen. Als het afgekoeld is, snijd je de greens in hapklare stukjes.

4. Haal na 2 uur kooktijd het vlees en de worst uit de bouillon. Gooi de botten weg en snijd het vlees en de worst in hapklare stukjes.

5. Laat de bouillon iets afkoelen. Schep het vet uit de bouillon. Zeef de bouillon door een fijnmazige zeef in een grote, schone pot. Doe het vlees terug in de bouillon. Voeg de groenten toe. Breng terug aan de kook en kook 30 minuten.

6. Serveer warm, bestrooid met geraspte Parmigiano-Reggiano.

Toscaanse vissoep

Cacciucco

Maakt 6 porties

Hoe meer soorten vis je toevoegt aan de pot van deze Toscaanse specialiteit, hoe lekkerder de soep zal smaken.

¼ kop olijfolie

1 middelgrote ui

1 knolselderijrib, gehakt

1 wortel, gehakt

1 teentje knoflook, gehakt

2 eetlepels gehakte verse bladpeterselie

Snufje gemalen rode peper

1 laurierblad

1 levende kreeft (1 tot 2 pond)

2 hele vissen (ongeveer 1,5 kg per stuk), zoals porgy, gestripte baars, red snapper of zeebaars, schoongemaakt en in stukjes gesneden (verwijder de kop en bewaar deze)

½ kop droge witte wijn

1 pond tomaten, geschild, gezaaid en gehakt

1 pond calamares (inktvis), schoongemaakt en in ringen van 1 inch gesneden

Sneetjes Italiaans brood, geroosterd

1. Giet de olie in een grote pot. Voeg de ui, selderij, wortel, knoflook, peterselie, peper en laurier toe. Kook op middelhoog vuur, onder regelmatig roeren, tot de groenten zacht en goudbruin zijn, ongeveer 10 minuten.

2. Leg de kreeft op een snijplank met de buikholte naar boven. Verwijder de banden die de klauwen gesloten houden niet. Bescherm je hand met een zware handdoek of pannenlap en houd de kreeft boven de staart. Steek de punt van een zwaar koksmes in het lichaam waar de staart samenkomt met de borst. Gebruik een gevolgelteschaar om de dunne schaal die het staartvlees bedekt te verwijderen. Verwijder de donkere ader in de staart, maar laat eventueel de groene tomalley en het rode koraal achter. Zet de staart opzij. Snijd het lichaam van de kreeft

en de klauwen bij de gewrichten in stukjes van 1 tot 2 inch. Sla met de botte kant van het mes op de klauwen om ze te kraken.

3. Voeg de borstholte van de kreeft en de gereserveerde viskoppen en toeters en bellen toe aan de pot. Kook 10 minuten. Voeg de wijn toe en laat 2 minuten koken. Roer de tomaten en 4 kopjes water erdoor. Breng aan de kook en kook 30 minuten.

4. Haal met een schuimspaan de kreeftenholte, de viskoppen en het laurierblad uit de pot en gooi ze weg. Haal de overige ingrediënten door een voedselmolen in een grote kom.

5. Spoel de pot uit en giet de soep erin. Breng de vloeistof aan de kook. Voeg de zeevruchten toe die het langst moeten koken, zoals de calamares. Kook tot het bijna gaar is, ongeveer 20 minuten. Roer de kreeftenstaart, de scharen en de stukjes vis erdoor. Kook tot de kreeft en de vis van binnen ondoorzichtig zijn, nog ongeveer 10 minuten.

6. Leg in elke soepkom sneetjes geroosterd brood. Schep de soep over het brood en serveer warm.

Dikke vissoep

Ciuppin

Maakt 6 porties

Voor deze soep kunt u één vissoort of meerdere soorten gebruiken. Voor een meer knoflookachtige smaak wrijft u de sneetjes geroosterd brood in met een rauw teentje knoflook voordat u de soep aan de kommen toevoegt. Zeelieden uit Genua introduceerden deze klassieke soep in San Francisco, waar velen van hen zich vestigden. San Franciscanen noemen hun versie cioppino.

2½ pond diverse stevige visfilets met wit vruchtvlees, zoals heilbot, zeebaars of mahi mahi

¼ kop olijfolie

1 middelgrote wortel, fijngehakt

1 malse knolselderijrib, fijngehakt

1 middelgrote ui, gehakt

2 teentjes knoflook, fijngehakt

1 kopje droge witte wijn

1 kopje gepelde, gezaaide en gehakte verse tomaten of tomaten uit blik

Zout en versgemalen zwarte peper

2 eetlepels gehakte verse bladpeterselie

6 sneetjes Italiaans of stokbrood, geroosterd

1. Spoel de stukken vis af en dep ze droog. Snijd de vis in stukjes van 2 inch en gooi eventuele botten weg.

2. Giet de olie in een grote pot. Voeg de wortel, selderij, ui en knoflook toe. Kook, onder regelmatig roeren, op middelhoog vuur gaar en goudbruin, ongeveer 10 minuten. Voeg de vis toe en kook, onder af en toe roeren, nog 10 minuten.

3. Giet de wijn erbij en breng aan de kook. Voeg de tomaten toe, en het zout en de peper naar smaak. Voeg koud water toe om af te dekken. Breng aan de kook en kook 20 minuten.

4. Roer de peterselie erdoor. Leg in elke soepkom een sneetje toast. Schep de soep over het brood en serveer warm.

Zeevruchten, pasta en bonensoep

Pasta e Fagioli ai Frutti di Mare

Voor 4 tot 6 porties

Soepen die pasta en bonen combineren met zeevruchten zijn populair in heel Zuid-Italië. Dit is mijn versie van degene die ik heb geproefd in Alberto Ciarla, een beroemd visrestaurant in Rome.

1 pond kleine mosselen

1 pond kleine mosselen

2 eetlepels olijfolie

2 ons pancetta, fijngehakt

1 middelgrote ui, fijngehakt

2 teentjes knoflook, fijngehakt

3 kopjes uitgelekte gekookte gedroogde of ingeblikte cannellinibonen

1 kopje gehakte tomaten

1/2 pond calamares (inktvis), in ringen van 1 inch gesneden

Zout en versgemalen zwarte peper

8 ons spaghetti, gebroken in stukken van 1 inch

2 eetlepels gehakte verse bladpeterselie

Extra vergine olijfolie

1. Zet de mosselen 30 minuten in koud water, zodat ze onder water staan. Boen ze met een harde borstel en schraap eventuele zeepokken of zeewier weg. Verwijder de baarden door ze naar het smalle uiteinde van de schelpen te trekken. Gooi mosselen met gebarsten schelpen of die niet goed sluiten als u erop tikt, weg. Doe de mosselen in een grote pan met een half kopje koud water. Dek de pan af en breng aan de kook. Kook tot de mosselen opengaan, ongeveer 5 minuten. Doe de mosselen met een schuimspaan in een kom.

2. Doe de mosselen in de pan en dek de pan af. Kook tot de mosselen opengaan, ongeveer 5 minuten. Haal de mosselen uit de pot. Zeef de vloeistof in de pot door een papieren koffiefilter in een kom en bewaar.

3. Haal met je vingers de mosselen en mosselen uit de schelpen en doe ze in een kom.

4. Giet de olie in een grote pot. Voeg de pancetta, ui en knoflook toe. Kook, onder regelmatig roeren, op middelhoog vuur, tot ze zacht en goudbruin zijn, ongeveer 10 minuten.

5. Voeg de bonen, tomaten en calamares toe. Voeg de bewaarde sappen van de schaaldieren toe. Breng aan de kook en kook 20 minuten.

6. Roer de zeevruchten erdoor en kook tot ze net gaar zijn, ongeveer 5 minuten.

7. Breng ondertussen een grote pan water aan de kook. Voeg de pasta en zout naar smaak toe. Kook tot ze gaar zijn. Giet de pasta af en voeg deze toe aan de soep. Voeg een beetje van het pastavocht toe als de soep te dik lijkt.

8. Roer de peterselie erdoor. Serveer warm, besprenkeld met extra vergine olijfolie.

Mosselen en kokkels in tomatenbouillon

Zuppa di Cozze

Maakt 4 porties

Je kunt dit maken met alle mosselen of alle mosselen, als je wilt.

2 pond mosselen

½ kopje olijfolie

4 teentjes knoflook, zeer fijngehakt

2 eetlepels gehakte verse bladpeterselie

Snufje gemalen rode peper.

1 kopje droge witte wijn

3 pond rijpe tomaten, geschild, gezaaid en gehakt of 2 (28 tot 35 ounce) blikjes geïmporteerde Italiaanse gepelde tomaten, gehakt

Zout

2 pond kleine mosselen

8 sneetjes Italiaans of stokbrood, geroosterd

1 heel teentje knoflook

1. Zet de mosselen 30 minuten in koud water, zodat ze onder water staan. Boen ze met een harde borstel en schraap eventuele zeepokken of zeewier weg. Verwijder de baarden door ze naar het smalle uiteinde van de schelpen te trekken. Gooi mosselen met gebarsten schelpen of die niet goed sluiten als u erop tikt, weg.

2. Verhit de olie in een grote pan op middelhoog vuur. Voeg de gehakte knoflook, peterselie en gemalen rode peper toe en kook op laag vuur tot de knoflook goudbruin is, ongeveer 2 minuten. Roer de wijn erdoor en breng aan de kook. Voeg de tomaten en een snufje zout toe. Kook op middelhoog vuur, af en toe roerend, tot het iets dikker is, ongeveer 20 minuten.

3. Roer de mosselen en de venusschelpen er voorzichtig door. Bedek de pot. Kook 5 tot 10 minuten, tot de mosselen en kokkels opengaan. Gooi alles weg dat niet opengaat.

4. Wrijf de toast in met het gesneden teentje knoflook. Leg in elke soepkom een stukje brood. Bestrijk met de mosselen en venusschelpen en hun vloeistof. Heet opdienen.

voor gebruik met ander voedsel.

TOMATENSAUZEN

Marinara-saus

Salsa Marinara

Voor 2½ kopjes

Knoflook geeft deze Zuid-Italiaanse snelkooksaus zijn karakteristieke smaak. Napolitanen verpletteren de kruidnagels lichtjes met de zijkant van een groot mes. Hierdoor kan de schil gemakkelijk worden verwijderd en worden de kruidnagels geopend, zodat hun smaak vrijkomt. Verwijder voor het serveren de hele teentjes knoflook.

Voor de meest verse smaak voeg ik de basilicum toe aan het einde van de kooktijd. Gedroogde basilicum is een slechte vervanger voor verse basilicum, maar je kunt verse peterselie of munt vervangen. Deze saus is ideaal voor spaghetti of andere gedroogde pasta's.

¼ kop olijfolie

2 grote teentjes knoflook, geperst

Snufje gemalen rode peper

3 pond verse pruimtomaten, geschild, gezaaid en gehakt, of 1 (28 ounce) blik geïmporteerde Italiaanse gepelde tomaten met hun sap, door een voedselmolen gehaald

Zout naar smaak

4 verse basilicumblaadjes, in stukjes gescheurd

1. Giet de olie in een middelgrote pan. Voeg de knoflook en rode peper toe. Kook op middelhoog vuur en draai de knoflook een of twee keer totdat hij goudbruin is, ongeveer 5 minuten. Haal de knoflook uit de pan.

2. Voeg de tomaten en zout naar smaak toe. Kook 20 minuten, af en toe roerend, of tot de saus ingedikt is.

3. Zet het vuur uit en roer de basilicum erdoor. Heet opdienen. Kan van tevoren worden gemaakt en in een goed afgesloten bakje in de koelkast maximaal 5 dagen of in de vriezer maximaal 2 maanden worden bewaard.

Verse Tomatensaus

Salsa Leggero

Maakt 3 kopjes

Deze saus is ongebruikelijk omdat hij niet begint met de gebruikelijke ui of knoflook gekookt in olijfolie of boter. In plaats daarvan worden de aromaten samen met de tomaten gestoofd, zodat de saus een delicate groentesmaak krijgt. Serveer het bij een van de verse pasta's of als saus voor een frittata of andere omelet.

4 pond rijpe pruimtomaten, geschild, gezaaid en gehakt

1 middelgrote wortel, gehakt

1 middelgrote ui, gehakt

1 kleine knolselderijrib, fijngehakt

Zout naar smaak

6 verse basilicumblaadjes, in kleine stukjes gescheurd

¼ kopje extra vergine olijfolie

1. Meng de tomaten, wortel, ui, selderij, een snufje zout en basilicum in een grote, zware pan. Dek de pan af en kook op

middelhoog vuur tot het mengsel aan de kook komt. Ontdek en kook, af en toe roerend, 20 minuten of tot de saus ingedikt is.

2. Laat iets afkoelen. Haal de saus door een voedselmolen of pureer hem in een keukenmachine of blender. Verwarm zachtjes en proef of het op smaak is. Roer de olie erdoor. Heet opdienen. Kan van tevoren worden gemaakt en in een goed afgesloten bakje in de koelkast maximaal 5 dagen of in de vriezer maximaal 2 maanden worden bewaard.

Tomatensaus, Siciliaanse stijl

Salsa di Pomodoro alla Siciliana

Voor ongeveer 3 kopjes

Ik zag hoe Anna Tasca Lanza, die een kookschool heeft op het Regaleali-wijnlandgoed van haar familie op Sicilië, op deze manier tomatensaus maakte. Alles gaat in de pot en als het lang genoeg heeft gestoofd, wordt de saus gepureerd in een voedselmolen om de tomatenzaadjes te verwijderen. Boter en olijfolie, toegevoegd aan het einde van de kooktijd, verrijken en zoeten de saus. Serveer het met aardappelgnocchi of verse fettuccine.

3 pond rijpe tomaten

1 middelgrote ui, in dunne plakjes gesneden

1 teentje knoflook, fijngehakt

2 eetlepels gehakte verse basilicum

Snufje gemalen rode peper

¼ kop olijfolie

1 eetlepel ongezouten boter

1. Als u een voedselmolen gebruikt om de tomaten te pureren, snijd ze dan in de lengte in vieren en ga naar stap 2. Als u een keukenmachine of blender gebruikt, schil dan eerst de tomaten: Breng een middelgrote pan water aan de kook. Voeg de tomaten een paar tegelijk toe en kook 1 minuut. Haal ze er met een schuimspaan uit en doe ze in een kom met koud water. Herhaal met de overige tomaten. Schil de tomaten, verwijder het klokhuis en schraap de zaadjes eruit.

2. Meng de tomaten, ui, knoflook, basilicum en gemalen rode paprika in een grote pan. Dek af en breng aan de kook. Kook op laag vuur gedurende 20 minuten of tot de ui zacht is. Laat iets afkoelen.

3. Haal het mengsel door een voedselmolen, indien gebruikt, of pureer het in een blender of keukenmachine. Doe de puree terug in de pot. Voeg de basilicum, rode peper en zout naar smaak toe.

4. Vlak voor het serveren de saus opnieuw opwarmen. Haal van het vuur en roer de olijfolie en boter erdoor. Heet opdienen. Kan van tevoren worden gemaakt en in een goed afgesloten bakje in de koelkast maximaal 5 dagen of in de vriezer maximaal 2 maanden worden bewaard.

Tomatensaus, Toscaanse stijl

Salsa di Pomodoro alla Toscana

Maakt 3 kopjes

Een soffritto is een mix van gehakte aromatische groenten, meestal ui, wortel en selderij, gekookt in boter of olie tot ze gaar en licht goudbruin zijn. Het is de smaakbasis voor veel sauzen, soepen en stoofschotels en een essentiële techniek in de Italiaanse keuken. Veel Italiaanse koks doen alle soffritto-ingrediënten samen in een koude pan en zetten vervolgens het vuur aan. Op deze manier koken alle ingrediënten zachtjes en wordt niets te bruin of te gaar. Bij de alternatieve methode om eerst de olie te verwarmen en vervolgens de gehakte ingrediënten toe te voegen, bestaat het gevaar dat de olie oververhit raakt. Groenten kunnen bruin worden, te gaar en bitter worden. Deze tomatensaus in Toscaanse stijl begint met een soffritto van de gebruikelijke groenten plus knoflook gekookt in olijfolie.

4 eetlepels olijfolie

1 middelgrote ui, fijngehakt

½ kopje gehakte wortel

¼ kopje gehakte selderij

1 klein teentje knoflook, fijngehakt

3 pond verse rijpe pruimtomaten, geschild, zonder zaadjes en fijngehakt, of 1 (28 ounce) blik geïmporteerde Italiaanse gepelde tomaten met hun sap, door een voedselmolen gehaald

½ kop kippenbouillon

Snufje gemalen rode peper

Zout

2 of 3 basilicumblaadjes, gescheurd

1. Giet de olie in een middelgrote pan. Voeg de ui, wortel, selderij en knoflook toe. Kook op middelhoog vuur, af en toe roerend, tot de groenten zacht en goudbruin zijn, ongeveer 15 minuten.

2. Roer de tomaten, bouillon, rode peper en zout naar smaak erdoor. Breng aan de kook. Dek de pan gedeeltelijk af en kook op laag vuur, af en toe roerend, tot het ingedikt is, ongeveer 30 minuten.

3. Roer de basilicum erdoor. Heet opdienen. Kan van tevoren worden gemaakt en in een goed afgesloten bakje in de koelkast maximaal 5 dagen of in de vriezer maximaal 2 maanden worden bewaard.

Pizzaiola-saus

Salsa Pizzaiola

Voor ongeveer 2½ kopjes

Napolitanen gebruiken deze smakelijke saus om kleine steaks of karbonades te bereiden (zie Vlees), of ze serveren het met spaghetti. Het wordt echter meestal niet op pizza gebruikt, omdat de extreme hitte van houtgestookte Napolitaanse pizzaovens een reeds gekookte saus te gaar zou maken. Het dankt zijn naam aan de tomaten, knoflook en oregano, dezelfde ingrediënten die een pizzabakker doorgaans op pizza gebruikt.

Snijd de knoflook heel fijn, zodat er geen grote stukken in de saus zitten.

2 grote teentjes knoflook, zeer fijngehakt

¼ kop olijfolie

Snufje gemalen rode peper

1 (28 ounce) kan geïmporteerde Italiaanse gepelde tomaten met hun sap, gehakt

1 theelepel gedroogde oregano, verkruimeld

Zout

1.Kook de knoflook in een grote koekenpan in de olie op middelhoog vuur goudbruin, ongeveer 2 minuten. Roer de gemalen rode peper erdoor.

2.Voeg de tomaten, oregano en zout naar smaak toe. Breng de saus aan de kook. Kook, af en toe roerend, 20 minuten of tot de saus ingedikt is. Heet opdienen. Kan van tevoren worden gemaakt en in een goed afgesloten bakje in de koelkast maximaal 5 dagen of in de vriezer maximaal 2 maanden worden bewaard.

"Nep" vleessaus

Sugo Finto

Voor ongeveer 6 kopjes

Sugo finto betekent 'nepsaus', een vreemde naam voor zo'n heerlijke, nuttige saus, en een die volgens mijn vriend Lars Leicht veel wordt gebruikt in Midden-Italië. Dit recept komt van zijn tante, die buiten Rome woont. Het is zo vol van smaak dat je zou denken dat er wat vlees in zat. De saus is perfect voor die momenten waarop je iets complexer wilt dan een gewone tomatensaus, maar geen vlees wilt toevoegen. Met dit recept kun je veel maken, maar je kunt het gemakkelijk halveren als je dat liever hebt.

¼ kop olijfolie

1 middelgrote gele ui, fijngehakt

2 kleine wortels, geschild en fijngehakt

2 teentjes knoflook, fijngehakt

4 verse basilicumblaadjes, gehakt

1 kleine gedroogde chilipeper, geplet, of een snufje gemalen rode peper

1 kopje droge witte wijn

2 blikjes (elk 28 tot 35 ounce) geïmporteerde Italiaanse gepelde tomaten met hun sap of 6 pond verse pruimtomaten, geschild, zonder zaadjes en gehakt

1. Meng de olie, ui, wortels, knoflook, basilicum en chili in een grote pan. Kook op middelhoog vuur, af en toe roerend, tot de groenten zacht en goudbruin zijn, ongeveer 10 minuten.

2. Voeg de wijn toe en breng aan de kook. Kook 1 minuut.

3. Haal de tomaten door een voedselmolen in de pot of pureer ze in een blender of keukenmachine. Breng aan de kook en zet het vuur laag. Breng op smaak met zout. Kook, af en toe roerend, gedurende 30 minuten of tot de saus ingedikt is. Heet opdienen. Kan van tevoren worden gemaakt en in een goed afgesloten bakje in de koelkast maximaal 5 dagen of in de vriezer maximaal 2 maanden worden bewaard.

Roze saus

Salsa di Pomodoro alla Panna

Voor ongeveer 3 kopjes

Zware room maakt deze heerlijke roze saus glad. Serveer het met ravioli of groene gnocchi.

¼ kop ongezouten boter

¼ kop gehakte verse sjalotten

3 pond verse tomaten, geschild, gezaaid en gehakt, of 1 (28 ounce) kan geïmporteerde Italiaanse gepelde tomaten met hun sap

Zout en versgemalen zwarte peper

½ kopje slagroom

1. Smelt de boter in een grote pan op middelhoog vuur. Voeg de sjalotjes toe en kook tot ze goudbruin zijn, ongeveer 3 minuten. Voeg de tomaten en zout en peper toe en kook al roerend tot de saus aan de kook komt. Als u tomaten uit blik gebruikt, hak ze dan fijn met een lepel. Kook, af en toe roerend, tot de saus iets dikker is, ongeveer 20 minuten. Laat iets afkoelen.

2. Haal het tomatenmengsel door een voedselmolen. Doe de saus terug in de pan en verwarm deze op middelhoog vuur. Voeg de room toe en kook 1 minuut of tot hij iets dikker is. Heet opdienen.

Tomatensaus Met Ui

Salsa di Pomodoro met Cipolla

Voor 2½ kopjes

De natuurlijke suiker in de ui complementeert de zoetheid van de boter in deze saus. Deze saus is ook lekker met sjalotten in plaats van de ui.

3 eetlepels ongezouten boter

1 eetlepel olijfolie

1 kleine ui, zeer fijn gesneden

3 pond pruimtomaten, geschild, zonder zaadjes en gehakt, of 1 (28 ounce) blik geïmporteerde Italiaanse gepelde tomaten met hun sap, door een voedselmolen gehaald

Zout en versgemalen zwarte peper naar smaak

1. Smelt de boter met de olie in een middelgrote, zware pan op middelhoog vuur. Voeg de ui toe en kook, al roerend een of twee keer, tot de ui zacht en goudbruin is, ongeveer 7 minuten.

2. Voeg de tomaten en zout en peper toe. Breng de saus aan de kook en kook 20 minuten of tot hij ingedikt is.

Geroosterde Tomatensaus

Salsa di Pomodoro Arrostito

Voldoende voor 1 pond pasta

Zelfs minder dan perfecte verse tomaten kunnen op deze manier worden gekookt. Je kunt slechts één soort tomaten gebruiken, of meerdere soorten. Bijzonder mooi is een combinatie van rode en gele tomaten. Basilicum of peterselie zijn de voor de hand liggende keuzes voor de kruiden, maar je kunt ook een mengsel gebruiken met bieslook, rozemarijn, munt of wat je maar bij de hand hebt.

Ik vind het leuk om het van tevoren te braden en de saus op kamertemperatuur vervolgens door hete pasta zoals penne of fusilli te gooien. Mijn vriendin Suzie O'Rourke vertelt me dat haar favoriete manier om het te serveren is als aperitief, gesmeerd op sneetjes geroosterd Italiaans brood.

2 1/2 pond ronde, pruim-, kersen- of druiventomaten

4 teentjes knoflook, zeer fijngehakt

Zout

Snufje gemalen rode peper

½ kopje olijfolie

¼ kopje gehakte verse basilicum, peterselie of andere kruiden

1. Plaats een rooster in het midden van de oven. Verwarm de oven voor op 400 ° F. Vet een niet-reactieve bakvorm van 13 x 9 x 2 inch in.

2. Snijd ronde of pruimtomaten grof in stukken van 1/2 inch. Snij de kerstomaatjes of druiventomaatjes in helften of kwarten.

3. Verdeel de tomaten in de pan. Bestrooi met de knoflook, het zout en de gemalen rode peper. Besprenkel met de olie en roer voorzichtig.

4. Rooster 30 tot 45 minuten of tot de tomaten lichtbruin zijn. Haal de tomaten uit de oven en roer de kruiden erdoor. Serveer warm of op kamertemperatuur.

Ragù in Abruzzenstijl

Ragù Abruzzese

Voor ongeveer 7 kopjes

De groenten voor deze ragù worden heel gelaten en een deel van het vlees wordt met het bot gekookt. Aan het einde van de kooktijd worden de groenten en losse botten verwijderd. Het vlees wordt meestal uit de saus gehaald en als tweede gang geserveerd. Serveer deze saus met grove pastavormen zoals rigatoni.

3 eetlepels olijfolie

1 pond varkensschouder met wat botten, in stukjes van 2 inch gesneden

1 pond lamsnek of -schouder met botten, in stukken van 2 inch gesneden

1 pond kalfsstoofvlees zonder been, in stukjes van 1 inch gesneden

1/2 kop droge rode wijn

2 eetlepels tomatenpuree

4 pond verse tomaten, geschild, zonder zaadjes en gehakt, of 2 (28-ounce) blikjes geïmporteerde Italiaanse gepelde tomaten met hun sap, door een voedselmolen gehaald

2 kopjes water

Zout en versgemalen zwarte peper

1 middelgrote ui

1 rib bleekselderij

1 middelgrote wortel

1. Verhit de olie in een grote, zware pan op middelhoog vuur. Voeg het vlees toe en kook, onder af en toe roeren, tot het lichtbruin is.

2. Voeg de wijn toe en kook tot het grootste deel van de vloeistof verdampt is. Roer de tomatenpuree erdoor. Voeg de tomaten, het water en zout en peper naar smaak toe.

3. Voeg de groenten toe en breng aan de kook. Dek de pan af en kook, af en toe roerend, tot het vlees heel zacht is, ongeveer 3 uur. Als de saus dun lijkt, haal hem dan los en kook tot hij iets is ingedikt.

4. Laten afkoelen. Verwijder eventuele losse botten en de groenten.

5. Opwarmen voor het serveren of afdekken en in de koelkast maximaal 3 dagen of in de vriezer maximaal 3 maanden bewaren.

Napolitaanse Ragù

Ragù alla Napolitana

Voor ongeveer 8 kopjes

Deze stevige ragù, gemaakt met verschillende stukken rund- en varkensvlees, is wat veel Italiaans-Amerikanen 'jus' noemen, en wordt gemaakt voor de zondagmiddagmaaltijd of het diner. Het is ideaal om te mengen met stevige pastavormen zoals schelpen of rigatoni en voor gebruik in gebakken pastagerechten, zoals<u>Napolitaanse lasagne</u>.

De gehaktballetjes worden tegen het einde van de kooktijd aan de saus toegevoegd, zodat je ze kunt bereiden terwijl de saus kookt.

2 eetlepels olijfolie

1 pond vlezige varkensnekbotten of spareribs

1 pond rundvlees chuck in één stuk

1 pond varkensworstjes in Italiaanse stijl of venkel

4 teentjes knoflook, licht geplet

¼ kop tomatenpuree

3 (28 tot 35 ounce) kunnen Italiaanse gepelde tomaten importeren

Zout en versgemalen zwarte peper naar smaak

6 verse basilicumblaadjes, in kleine stukjes gescheurd

1 receptNapolitaanse Gehaktballetjes, het grotere formaat

2 kopjes water

1. Verhit de olie in een grote, zware pan op middelhoog vuur. Dep het varkensvlees droog en doe de stukken in de pan. Kook, af en toe draaiend, ongeveer 15 minuten of tot ze aan alle kanten mooi bruin zijn. Verwijder het varkensvlees op een bord. Bak het vlees op dezelfde manier bruin en haal het uit de pan.

2. Doe de worstjes in de pan en bak ze aan alle kanten bruin. Zet de worstjes apart bij het andere vlees.

3. Giet het grootste deel van het vet af. Voeg de knoflook toe en kook 2 minuten of tot hij goudbruin is. Gooi de knoflook weg. Roer de tomatenpuree erdoor; kook 1 minuut.

4. Pureer met een voedselmolen de tomaten en hun sap in de pot. Of, voor een grovere saus, snijd je gewoon de tomaten in stukken. Voeg 2 kopjes water en zout en peper toe. Voeg het varkensvlees, het rundvlees, de worstjes en de basilicum toe.

Breng de saus aan de kook. Dek de pan gedeeltelijk af en kook op laag vuur, af en toe roerend, gedurende 2 uur. Als de saus te dik wordt, voeg dan nog een beetje water toe.

5. Maak ondertussen de gehaktballetjes klaar. Als de saus bijna klaar is, voeg je de gehaktballetjes toe aan de saus. Kook 30 minuten of tot de saus dik is en het vlees zeer mals is. Haal het vlees uit de saus en serveer als tweede gang of aparte maaltijd. Serveer de saus warm. Dek af en bewaar in een luchtdichte verpakking in de koelkast maximaal 3 dagen of in de vriezer maximaal 2 maanden.

Worst Ragù

Ragù di Salsiccia

Voor 4½ kopjes

Kleine stukjes Italiaans varkensworstvlees bedekken deze saus uit Zuid-Italië. Als je van pittig houdt, gebruik dan warme worstjes. Serveer deze saus erbij<u>Aardappel Tortelli</u>of dikke pasta, zoals schelpen of rigatoni.

1 pond pure Italiaanse varkensworstjes

2 eetlepels olijfolie

2 teentjes knoflook, fijngehakt

1/2 kop droge witte wijn

3 pond verse pruimtomaten, geschild, gezaaid en gehakt, of 1 (28 ounce) blik geïmporteerde Italiaanse gepelde tomaten met hun sap, door een voedselmolen gehaald

Zout en versgemalen zwarte peper

3 tot 4 verse basilicumblaadjes, in stukjes gescheurd

1.Haal de worst uit de darmen. Snijd het vlees fijn.

2. Verhit de olie in een grote pan op middelhoog vuur. Voeg het worstvlees en de knoflook toe. Kook, onder regelmatig roeren, tot het varkensvlees lichtbruin is, ongeveer 10 minuten. Voeg de wijn toe en breng aan de kook. Kook tot het grootste deel van de wijn verdampt is.

3. Roer de tomaten en zout naar smaak erdoor. Breng aan de kook. Zet het vuur laag. Kook, af en toe roerend, tot de saus ingedikt is, ongeveer 1 uur en 30 minuten. Roer vlak voor het serveren de basilicum erdoor. Heet opdienen. Kan van tevoren worden gemaakt en in een goed afgesloten bakje in de koelkast maximaal 3 dagen of in de vriezer maximaal 2 maanden worden bewaard.

Ragù in Marche-stijl

Ragù di Carne alla Marchigiana

Voor ongeveer 5 kopjes

De stad Campofilone in de Marche van Midden-Italië organiseert jaarlijks een pastafestival dat bezoekers van over de hele wereld trekt. Het hoogtepunt van het feest is maccheroncini, handgerolde eierpasta die wordt geserveerd met deze smaakvolle vleessaus. Een mix van kruiden en een snufje kruidnagel geven deze ragù een bijzondere smaak. Een beetje melk die aan het einde van de kooktijd wordt toegevoegd, zorgt voor een gladde afdronk. Als je deze saus van tevoren maakt, voeg dan de melk toe vlak voordat je hem serveert. Serveer met fettuccine.

1 kop zelfgemaaktVleesbouillonof in de winkel gekochte runderbouillon

¼ kop olijfolie

1 kleine ui, fijngehakt

1 knolselderijrib, gehakt

1 wortel, gehakt

1 eetlepel gehakte verse bladpeterselie

2 theelepels gehakte verse rozemarijn

1 theelepel gehakte verse tijm

1 laurierblad

1 pond rundvlees zonder been, in stukjes van 2 inch gesneden

1 (28 ounce) blik geïmporteerde Italiaanse gepelde tomaten, uitgelekt en door een voedselmolen gehaald

Snufje gemalen kruidnagel

Zout en versgemalen zwarte peper

½ kopje melk

1. Bereid indien nodig de bouillon. Giet de olie in een grote pan. Voeg de groenten en kruiden toe en kook op middelhoog vuur, af en toe roerend, gedurende 15 minuten of tot de groenten gaar en goudbruin zijn.

2. Voeg het rundvlees toe en kook, onder regelmatig roeren, tot het vlees bruin is. Bestrooi met zout en peper. Voeg de tomatenpuree, bouillon en kruidnagel toe. Breng aan de kook. Dek de pan gedeeltelijk af en kook, onder af en toe roeren, tot het vlees zacht is en de saus dik is, ongeveer 2 uur.

3. Haal het vlees eruit, laat het uitlekken en hak het fijn. Roer het gehakte vlees terug door de saus.

4. Voeg de melk toe en verwarm 5 minuten voor het serveren. Heet opdienen. Kan van tevoren worden gemaakt en in een luchtdichte verpakking in de koelkast maximaal 3 dagen of in de vriezer maximaal 2 maanden worden bewaard.

Toscaanse vleessaus

Ragù alla Toscana

Maakt 8 kopjes

Kruiden en citroenschil geven deze rund- en varkensragù een zoete smaak. Serveer het mee pici.

4 eetlepels ongezouten boter

¼ kop olijfolie

4 ons geïmporteerde Italiaanse prosciutto, gehakt

2 middelgrote wortels

2 middelgrote rode uien

1 grote knolselderijrib, gehakt

¼ kop gehakte verse bladpeterselie

1 pond rundvlees zonder been, in stukken van 2 inch gesneden

8 ons Italiaanse zoete worstjes of gemalen varkensvlees

2 pond verse tomaten of 1 (28 ounce) kan geïmporteerde Italiaanse gepelde tomaten, gehakt

2 kopjes zelfgemaaktVleesbouillonof in de winkel gekochte runderbouillon

½ kop droge rode wijn

½ theelepel geraspte citroenschil

Snufje kaneel

Snufje nootmuskaat

Zout en versgemalen zwarte peper naar smaak

1.Smelt de boter met de olijfolie in een grote pan op middelhoog vuur. Voeg de prosciutto en de gehakte groenten toe en kook, onder regelmatig roeren, gedurende 15 minuten.

2.Roer het vlees erdoor en kook, onder regelmatig roeren, tot het bruin is, ongeveer 20 minuten.

3.Voeg de tomaten, bouillon, wijn, citroenschil, kaneel, nootmuskaat en zout en peper naar smaak toe. Breng het mengsel aan de kook. Kook, af en toe roerend, tot de saus ingedikt is, ongeveer 2 uur.

4. Haal de stukken rundvlees uit de pan. Leg ze op een snijplank en snij ze in kleine stukjes. Roer het gehakte vlees door de saus. Heet opdienen. Kan van tevoren worden gemaakt en in een luchtdichte verpakking in de koelkast maximaal 3 dagen of in de vriezer maximaal 2 maanden worden bewaard.

Ragù in Bologna-stijl

Ragù Bolognese

Voor ongeveer 5 kopjes

Bij Tamburini, de beste gastronomische eet- en afhaalwinkel van Bologna, kun je vele soorten verse eierpasta kopen. De bekendste zijn tortellini, pastaringen ter grootte van een nikkel gevuld met mortadella, een fijn gekruide varkensworst. De tortellini worden geserveerd in brodo, "bouillon", alla panna, in een zware roomsaus, of, het beste van alles, al ragù, met een rijke vleessaus. Door de soffritto (aromatische groenten en pancetta) lang en langzaam te koken, krijgt de Bolognese ragù een diepe, rijke smaak.

2 kopjes zelfgemaaktVleesbouillonof in de winkel gekochte runderbouillon

2 eetlepels ongezouten boter

2 eetlepels olijfolie

2 ons pancetta, fijngehakt

2 kleine wortels, geschild en fijngehakt

1 ui, fijngehakt

1 malse knolselderijrib, fijngehakt

8 ons gemalen kalfsvlees

8 ons gemalen varkensvlees

8 ons rundergehakt

½ kop droge rode wijn

3 eetlepels tomatenpuree

¼ theelepel geraspte nootmuskaat

Zout en versgemalen zwarte peper

1 kopje melk

1. Bereid indien nodig de bouillon. Smelt de boter met de olie in een grote pan op middelhoog vuur. Voeg de pancetta, wortels, ui en selderij toe. Kook het mengsel op laag vuur, af en toe roerend, tot alle smaakstoffen zeer zacht zijn en een rijke gouden kleur hebben, ongeveer 30 minuten. Als de ingrediënten te bruin beginnen te worden, roer er dan een beetje warm water door.

2. Voeg het vlees toe en roer goed. Kook, vaak roerend om de klontjes los te maken, tot het vlees zijn roze kleur verliest, maar niet bruin wordt, ongeveer 15 minuten.

3. Voeg de wijn toe en laat sudderen tot de vloeistof verdampt, ongeveer 2 minuten. Roer de tomatenpuree, bouillon, nootmuskaat erdoor en voeg zout en peper naar smaak toe. Breng het mengsel aan de kook. Kook op laag vuur, af en toe roerend, tot de saus dik is, ongeveer 2½ tot 3 uur. Als de saus te dik wordt, voeg dan nog wat bouillon of water toe.

4. Roer de melk erdoor en kook nog 15 minuten. Heet opdienen. Kan van tevoren worden gemaakt en in een luchtdichte verpakking in de koelkast maximaal 3 dagen of in de vriezer maximaal 2 maanden worden bewaard.

Eend Ragù

Ragù di Anatra

Voor ongeveer 5 kopjes

Wilde eenden gedijen in de lagunes en moerassen van Veneto, en lokale koks maken er heerlijke gerechten mee. Ze worden geroosterd, gestoofd of op deze manier bereid, in ragù. De rijke, gamysaus wordt gegeten met bigoli, dikke volkoren spaghetti bereid met een torchio, een handbediende pastapers. Verse gedomesticeerde eenden, hoewel niet zo smaakvol als de wilde variant, zijn een goede vervanger. Ik serveer de saus met fettuccine en de stukjes eend als tweede gang.

Laat de slager de eend voor je in vieren snijden, of doe dit zelf met een gevogelteschaar of een groot koksmes. Als je het liever niet gebruikt, kun je de lever gewoon weglaten.

1 eendje (ongeveer 5 1/2 pond)

2 eetlepels olijfolie

Zout en versgemalen zwarte peper, naar smaak

2 ons pancetta, gehakt

2 middelgrote uien, gehakt

2 middelgrote wortels, gehakt

2 bleekselderijribben, gehakt

6 verse salieblaadjes

Snufje vers geraspte nootmuskaat

1 kopje droge witte wijn

2 1/2 kopjes gepelde, gezaaide en gehakte verse tomaten

1. Spoel de eend van binnen en van buiten en verwijder al het losse vet uit de buikholte. Snijd de eend met een gevogelteschaar in 8 stukken. Snijd de eend eerst langs de ruggengraat door. Open de eend als een boek. Snijd de eend met een zwaar mes in de lengte doormidden tussen de twee zijden van de borst. Snijd de dij weg van de borst. Scheid het been en de dij bij het gewricht. Scheid de vleugel en de borst bij het gewricht. Als u de lever gebruikt, snijd deze dan in dobbelsteentjes en zet opzij.

2. Verhit de olie in een grote, zware pan op middelhoog vuur. Dep de stukken eend droog met keukenpapier. Voeg de stukken eend toe en kook, af en toe roerend, tot ze aan alle kanten bruin zijn.

Bestrooi met zout en peper. Verwijder de eend op een schaal. Schep alles behalve 2 eetlepels vet weg.

3. Voeg de pancetta, uien, wortels, selderij en salie toe aan de pan. Kook gedurende 10 minuten, af en toe roerend, tot de groenten gaar en goudbruin zijn. Voeg de wijn toe en laat 1 minuut koken.

4. Doe de eend terug in de pan en voeg de tomaten en het water toe. Breng de vloeistof aan de kook. Dek de pan gedeeltelijk af en kook, af en toe roerend, gedurende 2 uur, of tot de eend heel zacht is als je er met een vork in prikt. Roer de eendenlever erdoor, indien gebruikt. Haal de pan van het vuur. Laat iets afkoelen en schep dan het vet van het oppervlak. Haal de stukken vlees met een schuimspaan uit de saus en leg ze op een schaal. Dek af om warm te blijven.

5. Serveer de saus met warmgekookte fettuccine, gevolgd door het eendenvlees als tweede gang. Het hele gerecht kan tot 2 dagen van tevoren worden bereid, in een luchtdichte verpakking worden bewaard en in de koelkast worden bewaard.

Ragù van konijn of kip

Ragù di Coniglio o Pollo

Maakt 3 kopjes

Bij ons thuis was het traditioneel het paasdiner om te beginnen met pasta in een konijnenlapje. Voor degenen in de familie die wars zijn van het eten van konijn: mijn moeder maakte dezelfde saus met kip. Gezien de flauwheid van konijnenvlees vond ik de kippenlap altijd veel lekkerder. Laat de slager het konijn of de kip voor je in stukken snijden.

1 klein konijn of kip, in 8 stukken gesneden

2 eetlepels olijfolie

1 (28 ounce) kan geïmporteerde Italiaanse gepelde tomaten met hun sap, gehakt

1 middelgrote ui, fijngehakt

1 middelgrote wortel, fijngehakt

1 teentje knoflook, fijngehakt

½ kop droge witte wijn

1 theelepel gehakte verse rozemarijn

Zout en versgemalen zwarte peper

1. Verhit de olie in een grote koekenpan op middelhoog vuur. Dep de stukken konijn of kip droog en bestrooi ze met peper en zout. Leg ze in de pan en bak ze aan alle kanten mooi bruin, ongeveer 20 minuten.

2. Verwijder de stukken op een bord. Schep alles behalve twee eetlepels vet in de pan.

3. Voeg de ui, wortel, knoflook en rozemarijn toe aan de pan. Kook, vaak roerend, tot de groenten zacht en licht goudbruin zijn. Voeg de wijn toe en laat 1 minuut koken. Haal de tomaten met hun sap door een voedselmolen, of pureer ze in een blender of keukenmachine, en voeg ze toe aan de pot. Voeg zout en peper naar smaak toe. Zet het vuur laag en dek de pan gedeeltelijk af. Laat 15 minuten sudderen, af en toe roeren.

4. Doe het vlees terug in de pan. Kook 20 minuten, af en toe roerend, tot het vlees zacht is en eraf valt of gemakkelijk van het bot loslaat. Haal de stukken vlees met een schuimspaan uit de saus en leg ze op een schaal. Dek af om warm te blijven.

5. Serveer de saus over hete, gekookte fettuccine, gevolgd door het konijn of de kip als tweede gang. Kan van tevoren worden gemaakt en in een luchtdichte verpakking in de koelkast maximaal 3 dagen of in de vriezer maximaal 2 maanden worden bewaard.

Porcini en vleesragù

Ragù di Funghi en Carne

Voor ongeveer 6 kopjes

Hoewel er veel is geschreven over de grote witte truffels van Piemonte, zijn eekhoorntjesbrood, door de Fransen cèpes genoemd, een even grote schat van de regio. De dikke bruine hoeden van eekhoorntjesbrood zijn overvloedig aanwezig na de regen en worden ondersteund door korte, roomwitte stengels, waardoor ze een mollig uiterlijk krijgen. Hun naam betekent kleine varkens. Gegrild of geroosterd met olijfolie en kruiden, de champignonsmaak is zoet en nootachtig. Omdat vers eekhoorntjesbrood alleen in de lente en herfst verkrijgbaar is, vertrouwen koks in deze regio de rest van het jaar op gedroogde eekhoorntjesbrood om sauzen en stoofschotels een rijke, houtachtige smaak te geven.

Gedroogde porcini worden meestal verkocht in doorzichtige plastic of cellofaanverpakkingen. Zoek naar grote, hele plakjes met zo min mogelijk kruimels en vuil op de bodem van de zak. De uiterste verkoopdatum moet binnen het jaar liggen. De smaak vervaagt naarmate de paddenstoelen ouder worden. Bewaar gedroogde eekhoorntjesbrood in een goed afgesloten verpakking.

1½ kopjes zelfgemaaktVlees BrotHof in de winkel gekochte runderbouillon

1 ons gedroogde eekhoorntjesbrood

2 kopjes warm water

2 eetlepels olijfolie

2 ons gehakte pancetta

1 wortel, gehakt

1 middelgrote ui, gehakt

1 knolselderijrib, gehakt

1 teentje knoflook, zeer fijngehakt

1½ pond gemalen kalfsvlees

½ kop droge witte wijn

Zout en versgemalen zwarte peper

1 kopje gehakte verse of ingeblikte geïmporteerde Italiaanse tomaten

¼ theelepel vers geraspte nootmuskaat

1. Bereid indien nodig de bouillon. Week de champignons in een middelgrote kom gedurende 30 minuten in het water. Haal de champignons uit het weekvocht. Zeef de vloeistof door een papieren koffiefilter of een stuk vochtige kaasdoek in een schone kom en zet opzij. Spoel de paddenstoelen af onder stromend water en let vooral op de basis waar de grond zich verzamelt. Snijd de champignons fijn.

2. Giet de olie in een grote pan. Voeg de pancetta toe en kook op middelhoog vuur ongeveer 5 minuten. Voeg de wortel, ui, selderij en knoflook toe en kook, onder regelmatig roeren, tot ze zacht en goudbruin zijn, nog ongeveer 10 minuten. Voeg het kalfsvlees toe en kook tot het lichtbruin is, onder regelmatig roeren om de klontjes los te maken. Voeg de wijn toe en kook 1 minuut. Breng op smaak met zout en peper.

3. Voeg de tomaten, champignons, nootmuskaat en gereserveerde champignonvloeistof toe. Breng aan de kook. Kook 1 uur of tot de saus ingedikt is. Heet opdienen. Kan van tevoren worden gemaakt en in een luchtdichte verpakking in de koelkast maximaal 3 dagen of in de vriezer maximaal 2 maanden worden bewaard.

Varkensragù met verse kruiden

Ragù di Maiale

Voor 6 kopjes

In het huis van Natale Liberale in Puglia aten mijn man en ik deze gemalen varkenslap op troccoli, verse vierkant gesneden spaghetti, vergelijkbaar met de pasta alla chitarra uit Abruzzo. Het is gemaakt door zijn moeder Enza, die me liet zien hoe ze vellen zelfgemaakte eierpasta sneed met een speciale geribbelde houten deegroller. De ragù is ook lekker op orecchiette of verse fettuccine.

De verscheidenheid aan kruiden maakt de ragù van Enza onderscheidend. Ze verdiepen de smaak van de saus terwijl ze sudderen. Verse kruiden zijn ideaal, maar bevroren of gedroogde kruiden kunnen worden vervangen, hoewel ik gedroogde basilicum vermijd, wat onaangenaam is. Vervang verse peterselie als basilicum niet beschikbaar is.

4 eetlepels olijfolie

1 middelgrote ui, fijngehakt

½ kopje gehakte verse basilicum of platte peterselie

¼ kop gehakte verse muntblaadjes of 1 theelepel gedroogd

1 eetlepel gehakte verse salie of 1 theelepel gedroogde

1 theelepel gehakte verse rozemarijn of ½ theelepel gedroogde

½ theelepel venkelzaad

1 pond gemalen varkensvlees

Zout en versgemalen zwarte peper

½ kop droge rode wijn

1 (28 ounce) kan geïmporteerde Italiaanse gepelde tomaten met hun sap, gehakt

1. Doe de olie, de ui, alle kruiden en het venkelzaad in een grote pan en zet het vuur middelhoog. Kook, af en toe roerend, tot de ui zacht en goudbruin is, ongeveer 10 minuten.

2. Roer het varkensvlees erdoor en vervolgens het zout en de peper naar smaak. Kook, onder regelmatig roeren om de klontjes los te maken, tot het varkensvlees zijn roze kleur verliest, ongeveer 10 minuten. Voeg de wijn toe en laat 5 minuten koken. Roer de tomaten erdoor en kook 1 uur of tot de saus ingedikt is. Heet opdienen. Kan van tevoren worden gemaakt en in een luchtdichte verpakking in de koelkast

maximaal 3 dagen of in de vriezer maximaal 2 maanden worden bewaard.

Truffelvleesragù

Ragù Tartufato

Maakt 5 kopjes

In Umbrië worden aan het einde van de kooktijd zwarte truffels uit de regio aan de ragù toegevoegd. Ze geven de saus een bijzondere houtachtige smaak.

Je kunt de truffel weglaten of een truffel uit een potje gebruiken, die verkrijgbaar is in speciaalzaken. Een ander alternatief is het gebruik van een klein beetje truffelolie. Gebruik slechts een kleine hoeveelheid, omdat de smaak overweldigend kan zijn. Serveer deze saus met verse fettuccine. De saus is zo rijk dat geraspte kaas niet nodig is.

1 ons gedroogde eekhoorntjesbrood

2 kopjes heet water

2 eetlepels ongezouten boter

8 ons gemalen varkensvlees

8 ons gemalen kalfsvlees

2 ons gesneden pancetta, fijngehakt

1 knolselderijrib, gehalveerd

1 middelgrote wortel, gehalveerd

1 kleine ui, gepeld maar heel gelaten

2 middelgrote verse tomaten, geschild, gezaaid en gehakt, of 1 kopje geïmporteerde Italiaanse tomaten in blik, uitgelekt en gehakt

1 eetlepel tomatenpuree

¼ kopje slagroom

1 kleine zwarte verse of pottruffel, in dunne plakjes gesneden, of een paar druppels truffelolie

Snufje vers geraspte nootmuskaat

1. Doe de eekhoorntjesbroodjes in een kom met het water. Laat 30 minuten weken. Haal de champignons uit de vloeistof. Zeef de vloeistof door een koffiefilter of een vochtige kaasdoek in een schone kom en zet opzij. Was de paddenstoelen goed onder koud water en let vooral op de basis van de stengels, waar de grond zich verzamelt. Snijd de champignons fijn.

2. Smelt de boter in een grote pan op middelhoog vuur. Voeg het vlees toe en kook al roerend om klontjes te breken, totdat het vlees zijn roze kleur verliest maar niet bruin wordt. Het moet zacht blijven.

3. Voeg de wijn toe en laat 1 minuut koken. Voeg de selderij, wortel, ui en champignons en 1 kopje vloeistof, de tomaten en de tomatenpuree toe en roer goed. Laat op heel laag vuur 1 uur koken. Als de saus te droog wordt, voeg dan een beetje van het champignonvocht toe.

4. Als de ragù 1 uur heeft gekookt, verwijder dan de bleekselderij, wortel en ui. De saus kan tot nu toe van tevoren worden bereid. Laat het afkoelen, bewaar het dan in een luchtdichte verpakking en bewaar het maximaal 3 dagen in de koelkast of bewaar het in de vriezer tot 2 maanden. Verwarm de saus opnieuw voordat u verdergaat.

5. Voeg vlak voor het serveren de room, truffel en nootmuskaat toe aan de hete saus. Roer voorzichtig maar laat het niet koken, om de smaak van de truffel te behouden. Heet opdienen.

Boter- en saliesaus

Salsa al Burro en Salvia

Maakt 1/2 kop

Dit is zo basic dat ik heb geaarzeld of ik het erbij wilde gebruiken, maar het is de klassieke saus voor verse eierpasta, vooral gevulde pasta zoals ravioli. Gebruik verse boter en bestrooi het gerecht met vers geraspte Parmigiano-Reggiano-kaas.

1 stokje ongezouten boter

6 salieblaadjes

Zout en versgemalen zwarte peper

Parmigiano-Reggiano

> Smelt de boter met de salie op laag vuur. Laat 1 minuut sudderen. Breng op smaak met zout en peper. Serveer met warme, gekookte pasta en garneer met Parmigiano-Reggiano-kaas.

Variatie: Bruine botersaus: Kook de boter een paar minuten tot hij lichtbruin kleurt. Laat de salie achterwege. Hazelnootsaus: Voeg ¼ kopje gehakte geroosterde hazelnoten toe aan de boter. Laat de salie achterwege.

Heilige olie

Olio Santo

Maakt 1 kopje

Italianen in Toscane, Abruzzo en andere regio's van Midden-Italië noemen deze heilige olie omdat deze wordt gebruikt om veel soepen en pasta's te "zalven", net zoals gezegende olie in bepaalde sacramenten wordt gebruikt. Druppel deze olie in soepen of meng door de pasta. Wees voorzichtig: het is heet!

Je kunt gedroogde chilipepers gebruiken die je in de supermarkt vindt. Als je op een Italiaanse markt bent, zoek dan naar peperoncino of 'hete pepers' die in verpakkingen worden verkocht.

1 eetlepel gemalen gedroogde chilipepers of gemalen rode peper

1 kopje extra vergine olijfolie

Meng de paprika's en de olie in een kleine glazen fles. Dek af en schud goed. Laat 1 week staan alvorens te gebruiken. Bewaar op een koele, donkere plaats maximaal 3 maanden.

Fontina Kaassaus

Fonduta

Voor 1 3/4 kopjes

Bij de Locanda di Felicin in Monforte d'Alba in Piemonte serveert eigenaar Giorgio Rocca deze rijke, heerlijke saus in ondiepe borden, gegarneerd met geschaafde truffels als voorgerecht, of over groenten zoals broccoli of asperges. Pas het eens <u>Aardappelgnocchi</u>, te.

2 grote eidooiers

1 kopje zware room

1/2 pond Fontina Valle d'Aosta, in blokjes van 1/2 inch gesneden

> Klop in een kleine pan de eierdooiers en de room samen. Voeg de kaas toe en kook op middelhoog vuur, onder voortdurend roeren, tot de kaas is gesmolten en de saus glad is, ongeveer 2 minuten. Heet opdienen.

Bechamelsaus

Salsa Balsamella

Voor ongeveer 4 kopjes

Deze basis witte saus wordt meestal gecombineerd met kaas en gebruikt op gebakken pasta of groenten. Het recept kan eenvoudig worden gehalveerd.

1 kwart melk

6 eetlepels ongezouten boter

5 eetlepels bloem

Zout en versgemalen zwarte peper naar smaak

Snufje vers geraspte nootmuskaat

1. Verwarm de melk in een middelgrote pan tot er kleine belletjes rond de rand ontstaan.

2. Smelt de boter in een grote pan op middelhoog vuur. Voeg de bloem toe en roer goed. Kook 2 minuten.

3. Voeg langzaam de melk toe in een dun straaltje en roer het erdoor met een draadgarde. In eerste instantie zal de saus dik en

klonterig worden, maar hij zal geleidelijk losser en gladder worden naarmate je de rest erdoor roert.

4. Als alle melk is toegevoegd, roer je het zout, de peper en de nootmuskaat erdoor. Verhoog het vuur tot medium en roer voortdurend totdat het mengsel aan de kook komt. Kook nog 2 minuten. Haal van het vuur. Deze saus kan maximaal 2 dagen voor gebruik worden gemaakt. Giet het in een bakje, plaats een stuk plasticfolie direct tegen het oppervlak en sluit het goed af om velvorming te voorkomen, en zet het vervolgens in de koelkast. Verwarm het mengsel op laag vuur voordat je het gebruikt. Voeg eventueel nog een beetje melk toe als het te dik is.

Knoflooksaus

Agliata

Voor 1½ kopjes

Knoflooksaus kan worden geserveerd met gekookt of gegrild vlees, kip of vis. Ik heb het zelfs met warme gekookte pasta gegooid voor een snelle maaltijd. Deze versie komt uit Piemonte, al heb ik op Sicilië ook agliata zonder noten gegeten. Ik hou van de smaak die de geroosterde walnoten eraan geven.

2 teentjes knoflook

2 of 3 sneetjes Italiaans brood, korstjes verwijderd

½ kopje geroosterde walnoten

1 kopje extra vergine olijfolie

Zout en versgemalen zwarte peper

1. Meng in een keukenmachine of blender de knoflook, het brood, de walnoten en zout en peper naar smaak. Verwerk tot het fijngehakt is.

2. Terwijl de machine draait, mengt u geleidelijk de olie erdoor. Verwerk tot de saus dik en glad is.

3. Laat 1 uur voor het serveren op kamertemperatuur staan.

Groene Saus

Salsa Verde

Voor 1½ kopjes

Hoewel ik in heel Italië in een of andere vorm groene saus heb gegeten, is deze versie mijn favoriet, omdat het brood het een romige textuur geeft en ervoor zorgt dat de peterselie in de vloeistof blijft hangen. Anders hebben de peterselie en andere vaste stoffen de neiging naar de bodem te zinken. Serveer groene saus bij het klassieke gekookte vleesgerecht Bollito Misto (<u>Gemengd gekookt vlees</u>), met gegrilde of geroosterde vis, of over gesneden tomaten, gekookte eieren of gestoomde groenten. De mogelijkheden zijn eindeloos.

3 kopjes los verpakte verse platte peterselie

1 teentje knoflook

¼ kopje korstloos Italiaans of stokbrood, in blokjes

6 ansjovisfilets

3 eetlepels uitgelekte kappertjes

1 kopje extra vergine olijfolie

2 eetlepels rode of witte wijnazijn

Zout

1. Hak de peterselie en knoflook fijn in een keukenmachine. Voeg de broodblokjes, ansjovis en kappertjes toe en verwerk tot ze fijngehakt zijn.

2. Terwijl de machine draait, voeg je de olie, azijn en een snufje zout toe. Eenmaal gemengd, proef naar kruiden; pas indien nodig aan. Dek af en bewaar bij kamertemperatuur gedurende maximaal twee uur of in de koelkast voor langere opslag.

Siciliaanse knoflook- en kappertjessaus

Ammoghiu

Voor ongeveer 2 kopjes

Het eiland Pantelleria voor de kust van Sicilië staat bekend om zowel zijn aromatische dessertwijn moscato di Pantelleria als zijn uitstekende kappertjes. De kappertjes gedijen goed en groeien overal op het eiland in het wild. In het voorjaar zijn de planten bedekt met prachtige roze en witte bloemen. De ongeopende knoppen van de bloemen zijn de kappertjes, die worden geoogst en geconserveerd in grof zeezout, een andere lokale specialiteit. De Sicilianen zijn van mening dat het zout de frisse smaak van de kappertjes beter behoudt dan azijn.

Deze ongekookte saus van kappertjes, tomaten en veel knoflook is een Siciliaanse favoriet bij vis of pasta. Een manier om het te serveren is met knapperig gebakken vis of calamares.

8 teentjes knoflook, gepeld

1 kopje basilicumblaadjes, gespoeld en gedroogd

½ kopje verse peterselieblaadjes

Een paar blaadjes bleekselderij

6 verse pruimtomaatjes, geschild en zonder zaadjes

2 eetlepels kappertjes, afgespoeld en uitgelekt

½ kop extra vergine olijfolie

Zout en versgemalen zwarte peper

1. Snijd in een keukenmachine de knoflook, basilicum, peterselie en selderijblaadjes fijn. Voeg de tomaten en kappertjes toe en verwerk tot een gladde massa.

2. Terwijl de machine draait, voeg je geleidelijk de olijfolie en zout en peper naar smaak toe. Verwerk tot het glad en goed gemengd is. Laat 1 uur staan alvorens te serveren. Serveer op kamertemperatuur.

Peterselie en eiersaus

Salsa di Prezzemolo en Uova

Maakt 2 kopjes

In Trentino-Alto Adige wordt deze saus geserveerd met verse lente-asperges. Hardgekookte eieren geven het een rijke smaak en romige textuur. Het past goed bij gepocheerde kip, zalm of groenten zoals sperziebonen en asperges.

4 grote eieren

1 kopje licht verpakte verse platte peterselie

2 eetlepels kappertjes, afgespoeld, uitgelekt en fijngehakt

1 teentje knoflook

1 theelepel geraspte citroenschil

1 kopje extra vergine olijfolie

1 eetlepel vers citroensap

Zout en versgemalen zwarte peper

1. Doe de eieren in een kleine pan met koud water om ze af te dekken. Breng het water aan de kook. Kook gedurende 12 minuten. Laat de eieren afkoelen onder koud stromend water. Giet af en schil. Hak de eieren fijn en doe ze in een kom.

2. Hak de peterselie, kappertjes en knoflook heel fijn in een keukenmachine of met de hand. Doe ze in de kom met de eieren.

3. Citroenschil erdoor roeren. Klop met een garde de olie, het citroensap en zout en peper naar smaak erdoor. Schraap in een sauskom. Dek af en laat 1 uur of een nacht afkoelen.

4. Haal de saus minimaal een half uur voor het serveren uit de koelkast. Goed roeren en op smaak brengen.

Variatie: Roer 1 eetlepel gehakte verse bieslook erdoor.

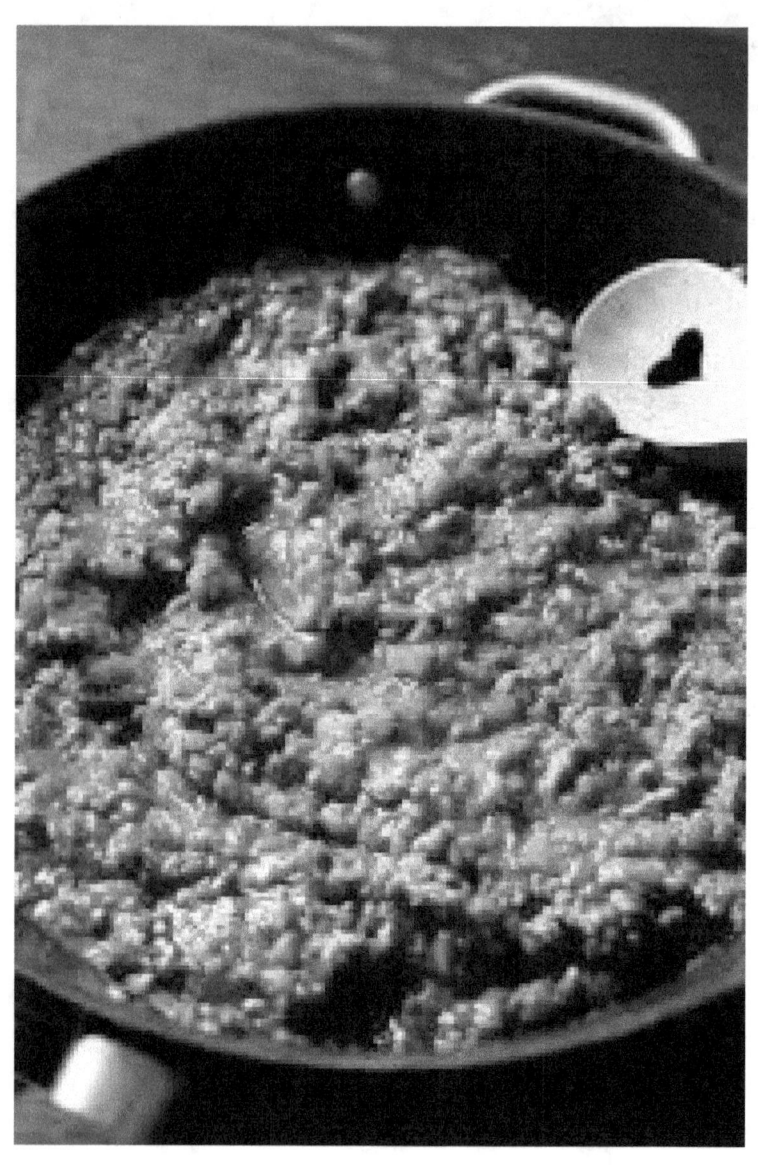

Rode Paprika- en Tomatensaus

Bagnetto Rosso

Maakt ongeveer 2 pinten

In Piemonte in Noord-Italië wordt deze saus in grote hoeveelheden gemaakt tijdens de zomermaanden, wanneer er veel groenten zijn. De naam betekent 'rood bad', omdat de saus wordt gebruikt voor gekookt vlees of bij kip, pasta, omeletten of rauwe groenten.

4 grote rode paprika's, gehakt

1 kopje geschilde, gezaaide en gehakte verse tomaten

1 middelgrote ui, gehakt

2 eetlepels olijfolie

1 eetlepel wijnazijn

1 theelepel suiker

Snufje gemalen rode peper

Snufje gemalen kaneel

1. Combineer alle ingrediënten in een grote pot. Dek de pan af en kook op laag vuur. Breng aan de kook. (Let goed op dat het niet aanbrandt. Voeg een beetje water toe als er niet genoeg vloeistof is.) Kook 1 uur, af en toe roerend, tot de paprika's heel zacht zijn.

2. Laat iets afkoelen. Haal de ingrediënten door een voedselmolen of verwerk ze tot een gladde massa in een blender of keukenmachine. Smaak voor kruiden. Breng de saus over in goed afgesloten containers en bewaar deze maximaal 1 week in de koelkast of maximaal drie maanden in de vriezer. Serveer op kamertemperatuur.

Olijvensaus

Salsa di Olijf

Voor ongeveer 1 kopje

Olijvenpasta uit pot is handig om bij de hand te hebben voor een snelle topping voor crostini of deze gemakkelijke saus voor gegrild vlees. Fijngehakte olijven kunnen worden vervangen. Heerlijk op rosbief of als dip voor brood of focaccia.

½ kop zwarte olijvenpasta

1 teentje knoflook, gepeld en platgedrukt met de zijkant van een mes

1 eetlepel geknipte verse rozemarijn

½ kop extra vergine olijfolie

1 tot 2 eetlepels balsamicoazijn

> Klop in een middelgrote kom de olijvenpasta, knoflook, rozemarijn, olie en azijn door elkaar. Als de saus te dik is, verdun deze dan met wat extra olie. Laat minimaal 1 uur op kamertemperatuur staan. Verwijder de knoflook voor het serveren.

Zongedroogde Tomatensaus

Salsa di Pomodori Secchi

Voor ongeveer ¾ kopje

Sprenkel deze saus over steaks, koude rosbief of varkensvlees, of, voor een antipasto, over een stuk milde geitenkaas.

½ kop uitgelekte, gemarineerde zongedroogde tomaten, zeer fijngehakt

2 eetlepels gehakte verse peterselie

1 eetlepel gehakte kappertjes

½ kop extra vergine olijfolie

1 eetlepel balsamicoazijn

Vers gemalen zwarte peper

Meng alle ingrediënten in een middelgrote kom. Laat 1 uur op kamertemperatuur staan alvorens te serveren. Serveer op kamertemperatuur. Bewaar in een luchtdichte verpakking in de koelkast maximaal 2 dagen.

Pepersaus in Molise-stijl

Salsa di Peperoni

Voor ongeveer 1 kopje

Molise is een van de kleinste en armste regio's van Italië, maar het eten is vol van smaak. Probeer deze pittige pepersaus, in het dialect jevezarola genoemd, als smaakmaker bij gegrild of geroosterd vlees of kip. Ik vind het zelfs lekker op gegrilde tonijn. U kunt uw eigen gebruiken<u>Ingemaakte paprika's</u>of de in de winkel gekochte variant. Als je van pittig eten houdt, voeg dan wat hete rode ingelegde pepers toe.

1 kopje rode, gepekelde paprika's, uitgelekt

1 middelgrote ui, gehakt

1 eetlepel suiker

4 eetlepels olijfolie

1. Doe de paprika, ui en suiker in een keukenmachine of blender. Mixen tot een gladde substantie. Voeg de olie toe en meng goed.

2. Schraap het mengsel in een kleine, zware pan. Kook, vaak roerend, tot het erg dik is, ongeveer 45 minuten. Haal van het vuur en laat afkoelen voordat je het serveert. Serveer op kamertemperatuur. Bewaar in een luchtdichte verpakking in de koelkast maximaal 1 maand.

Olijfolie Mayonaise

Maionees

Maakt 1 kopje

Zelfgemaakte mayonaise maakt het verschil wanneer het eenvoudig wordt geserveerd, bijvoorbeeld op rijpe tomaten, hardgekookte eieren, gepocheerde vis, gesneden kip of sandwiches. Om het te maken, gebruik ik graag een extra vierge olijfolie met een milde smaak of meng ik een olie met een volle smaak samen met plantaardige olie. Maak de mayonaise met de hand met een draadgarde of gebruik een elektrische mixer.

Salmonella in rauwe eieren is de afgelopen jaren sterk teruggedrongen, maar als je twijfelt, kun je een redelijk alternatief maken door mayonaise uit een potje te verrijken met druppels olijfolie en vers citroensap naar smaak.

2 grote eierdooiers, op kamertemperatuur

2 eetlepels vers citroensap

¼ theelepel zout

1 kopje extra vergine olijfolie of ½ kopje plantaardige olie plus ½ kopje extra vergine olijfolie

1. Klop in een middelgrote kom de eierdooiers, het citroensap en het zout tot ze lichtgeel en dik zijn.

2. Blijf kloppen en voeg heel geleidelijk de olie druppelsgewijs toe tot het mengsel begint op te stijven. Terwijl het dik wordt, klop je de resterende olie er gelijkmatiger door en zorg je ervoor dat deze wordt opgenomen voordat je meer toevoegt. Als de olie op enig moment niet meer wordt opgenomen, stop dan met het toevoegen van de olie en klop snel tot de saus weer glad is.

3. Proef en pas de smaak aan. Serveer onmiddellijk of dek af en bewaar maximaal 2 dagen in de koelkast.

Variatie: Kruidenmayonaise: Roer 2 eetlepels zeer fijngehakte verse basilicum of peterselie erdoor. Citroenmayonaise: Roer ½ theelepel geraspte verse citroenschil erdoor.

Sinaasappelmayonaisesaus

Salsa Maionese all'Arancia

Voor 1¼ kopjes

Zoete rode garnalen zijn een specialiteit op Sardinië. Tijdens ons verblijf in Hotel Cala di Volpe aan de Costa Smeralda kregen we garnalen geserveerd op een bedje van malse groene sla met een delicate, oranje getinte saus. De garnalen waren op zichzelf uitstekend, maar ik kon niet stoppen met het eten van de saus. Ik wist dat het op mayonaise was gebaseerd, maar op de een of andere manier leek het lichter. Ten slotte vroeg ik de ober, die me het geheim vertelde: de chef-kok had yoghurt aan de mayonaise toegevoegd, wat romigheid toevoegt en tegelijkertijd de rijkdom van de mayonaise wegneemt. Deze gemakkelijke dressing is erg lekker op gepocheerde zalm of eieren.

1/ kopje mayonaise (zelfgemaakt of in de winkel gekocht)

1/ kopje yoghurt

2 eetlepels vers sinaasappelsap

1/2 theelepel geraspte sinaasappelschil

2 theelepels gehakte bieslook

Zout en versgemalen zwarte peper naar smaak

Roer in een kom alle ingrediënten door elkaar. Proef en pas de smaak aan. Koel tot serveertijd.

Zeevruchtengnocchi met tomaten- en olijvensaus

Gnocchi di Pesce met Salsa di Olive

Maakt 6 porties

Op Sicilië worden aardappelgnocchi soms op smaak gebracht met tong of een andere delicate vis. Ik serveer ze met een licht pikante tomatensaus, maar een boter-kruidensaus zou ook heerlijk zijn. Kaas is bij deze pasta niet nodig.

1 pond bakaardappelen

¼ kop olijfolie

1 kleine ui, fijngehakt

1 teentje knoflook

300 gram tongfilet of andere delicate witte vis, in stukjes van 2 inch gesneden

½ kop droge witte wijn

Zout en versgemalen zwarte peper

1 groot ei, losgeklopt

Ongeveer 2 kopjes bloem voor alle doeleinden

Saus

¼ kop olijfolie

1 lente-uitje, gehakt

2 ansjovisfilets

1 eetlepel zwarte olijvenpasta

2 kopjes gepelde, gezaaide en gehakte verse tomaten of uitgelekte en gehakte geïmporteerde Italiaanse tomaten uit blik

2 eetlepels gehakte verse bladpeterselie

Zout en versgemalen zwarte peper

1. Doe de aardappelen in een pan met koud water zodat ze onder water staan. Breng aan de kook en kook tot het heel zacht is als je er met een mes in prikt. Giet af en laat afkoelen.

2. Kook de ui en knoflook in een middelgrote koekenpan in de olijfolie gedurende 5 minuten op middelhoog vuur tot de ui zacht is. Voeg de vis toe en kook 1 minuut. Voeg de wijn toe, en zout en peper naar smaak. Kook tot de vis gaar is en de vloeistof grotendeels verdampt is, ongeveer 5 minuten. Laat afkoelen en schraap de inhoud van de koekenpan in een keukenmachine of blender. Pureer tot een gladde massa.

3. Bekleed grote pannen met folie of plasticfolie. Haal de aardappelen door een rijstmachine of voedselmolen in een grote kom. Voeg de vispuree en het ei toe. Voeg geleidelijk de bloem en het zout naar smaak toe, zodat er een licht plakkerig deeg ontstaat. Kneed kort tot het glad en goed gemengd is.

4. Verdeel het deeg in 6 stukken. Houd het resterende deeg bedekt en rol een stuk tot een lang touw van ongeveer 3/4 inch dik. Snijd het touw in 1/2-inch lange klompjes.

5. Om het deeg vorm te geven, houdt u een vork in één hand met de tanden naar beneden gericht. Rol met de duim van de andere hand elk stuk deeg over de achterkant van de tanden en druk lichtjes aan om ribbels aan de ene kant en een inkeping aan de andere kant te maken. Laat de gnocchi op de voorbereide pannen vallen. De stukken mogen elkaar niet raken. Herhaal met het resterende deeg.

6. Zet de gnocchi in de koelkast tot ze klaar zijn om te koken. (Gnocchi kunnen ook worden ingevroren. Plaats de bakplaten een uur in de vriezer of tot ze stevig zijn. Doe de gnocchi in een grote, stevige plastic zak. Vries maximaal 1 maand in. Niet ontdooien voordat u ze gaat koken.)

7. Meng voor de saus de olie met de lente-ui in een grote koekenpan. Voeg de ansjovisfilets toe en kook tot de ansjovis zijn opgelost, ongeveer 2 minuten. Roer de olijvenpasta, tomaten en peterselie erdoor. Voeg zout en peper toe en kook tot het tomatensap iets is ingedikt, 8 tot 10 minuten. Schep de helft van de saus in een grote warme serveerschaal.

8. Bereiding van de gnocchi: Breng een grote pan water aan de kook. Voeg zout naar smaak toe. Zet het vuur lager zodat het water zachtjes kookt. Laat ongeveer de helft van de gnocchi in het water vallen. Kook ongeveer 30 seconden nadat de gnocchi naar de oppervlakte zijn gestegen. Schep de gnocchi met een schuimspaan uit de pan en laat de stukken goed uitlekken. Doe de gnocchi in de serveerschaal. Kook de overige gnocchi op dezelfde manier. Voeg de resterende saus toe en roer voorzichtig. Serveer onmiddellijk.

Groene gnocchi in roze saus

Gnocchi Verdi in Salsa Rossa

Maakt 6 porties

Ik heb deze dumplings voor het eerst gegeten in Rome, hoewel ze meer typerend zijn voor Emilia-Romagna en Toscane. Ze zijn lichter dan aardappelgnocchi en de gehakte groentjes geven ze een oppervlaktetextuur, waardoor het niet nodig is om de dumplings op de vork te vormen. Probeer ze voor de verandering er eens mee te besprenkelen<u>Boter- en saliesaus</u>.

3 kopjes<u>Roze saus</u>

1 pond spinazie, stengels verwijderd

1 pond snijbiet, stengels verwijderd

¼ kopje water

Zout

2 eetlepels ongezouten boter

¼ kop fijngehakte ui

1 pond hele of halfvolle ricotta

2 grote eieren

½ kopje vers geraspte Parmigiano-Reggiano

¼ theelepel gemalen nootmuskaat

Vers gemalen zwarte peper

1 1/2 kopjes bloem voor alle doeleinden

1. Bereid de saus voor. Combineer vervolgens in een grote pot de twee groenten, water en zout naar smaak. Kook 5 minuten of tot het verwelkt en zacht is. Giet af en laat afkoelen. Wikkel de greens in een handdoek en knijp om de vloeistof eruit te halen. Hak fijn.

2. Smelt de boter in een middelgrote koekenpan op middelhoog vuur. Voeg de ui toe en kook, onder regelmatig roeren, tot hij goudbruin is, ongeveer 10 minuten.

3. Klop in een grote kom de ricotta, eieren, 1 kopje Parmigiano-Reggiano, nootmuskaat en zout en peper naar smaak door elkaar. Voeg de ui en de gehakte groen toe en meng goed. Roer de bloem erdoor tot het goed gemengd is. Het deeg zal zacht zijn.

4. Bekleed bakplaten met perkament of vetvrij papier. Maak uw handen vochtig met koud water. Schep een eetlepel deeg op.

Vorm het lichtjes tot een bal van 3/4 inch. Plaats de bal op een bakplaat. Herhaal met het resterende deeg. Dek af met plasticfolie en zet in de koelkast tot het klaar is om te koken.

5. Breng minimaal 4 liter water aan de kook. Voeg zout naar smaak toe. Zet het vuur iets lager. Voeg een paar tegelijk de helft van de gnocchi toe. Wanneer ze naar de oppervlakte komen, kook je ze 30 seconden langer.

6. Schep de helft van de hete saus in een warme serveerschaal. Haal de gnocchi eruit met een schuimspaan en laat ze goed uitlekken. Voeg ze toe aan de schaal. Dek af en houd warm terwijl je de resterende gnocchi op dezelfde manier kookt. Schep de resterende saus en kaas erop. Heet opdienen.

Griesmeelgnocchi

Gnocchi alla Romana

Voor 4 tot 6 porties

Zorg ervoor dat je het griesmeel volledig kookt met de vloeistof. Als het niet gaar is, heeft het de neiging om tot een massa te smelten in plaats van zijn vorm te behouden tijdens het bakken. Maar zelfs als dat gebeurt, zal het nog steeds heerlijk smaken.

2 kopjes melk

2 kopjes water

1 kop fijn griesmeel

2 theelepels zout

4 eetlepels ongezouten boter

2/3 kop vers geraspte Parmigiano-Reggiano

2 eierdooiers

1. Verwarm de melk en 1 kopje water in een middelgrote pan op middelhoog vuur tot het kookt. Roer de resterende 1 kopje water en het griesmeel door elkaar. Schraap het mengsel in de

vloeistof. Voeg het zout toe. Kook, onder voortdurend roeren, tot het mengsel aan de kook komt. Zet het vuur laag en kook, al roerend goed, gedurende 20 minuten, of tot het mengsel erg dik is.

2. Haal de pot van het vuur. Roer 2 eetlepels boter en de helft van de kaas erdoor. Klop de eierdooiers er snel door met een garde.

3. Bevochtig een bakplaat licht. Giet het griesmeel op het vel en verdeel het met een metalen spatel tot een dikte van 1/2 inch. Laat afkoelen, dek af en laat het een uur of maximaal 48 uur afkoelen.

4. Plaats een rooster in het midden van de oven. Verwarm de oven voor op 400 ° F. Beboter een ovenschaal van 13 x 9 x 2 inch.

5. Dompel een koekjes- of koekjesvormer van 1½ inch in koud water. Snijd rondjes uit het griesmeel en plaats de stukken in de voorbereide ovenschaal, enigszins overlappend.

6. Smelt de resterende 2 eetlepels boter in een kleine pan en sprenkel dit over de gnocchi. Bestrooi met de resterende kaas. Bak 20 tot 30 minuten of tot ze goudbruin zijn en borrelen. Laat 5 minuten afkoelen voordat u het serveert.

Abruzzese Broodknoedels

Polpette di Pane al Sugo

Voor 6 tot 8 porties

Toen ik de wijnmakerij Orlandi Contucci Ponno in Abruzzo bezocht, genoot ik van een proeverij van hun uitstekende wijnen, waaronder zowel de witte Trebbiano d'Abruzzo als de rode Montepulciano d'Abruzzo-variëteiten, evenals verschillende melanges. Wijnen zo goed als deze verdienen lekker eten, en onze lunch stelde niet teleur, vooral de dumplings gemaakt van eieren, kaas en brood gestoofd in tomatensaus. Hoewel ik ze nog nooit eerder had gehad, bleek uit een beetje onderzoek dat deze "vleesloze gehaktballetjes" ook populair zijn in andere regio's van Italië, zoals Calabrië en Basilicata.

De kok van de wijnmakerij vertelde me dat ze de dumplings maakte met de mollica van het brood – de binnenkant van het brood zonder korst. Ik maak ze met het hele brood. Omdat het Italiaanse brood dat ik hier koop niet zo stevig is als het brood in Italië, geeft de korst de dumplings extra structuur.

Als je van plan bent deze van tevoren te maken, houd de dumplings en de saus dan apart tot vlak voor het opdienen, zodat de dumplings niet te veel van de saus opdrinken.

1 Italiaans of stokbrood van 12 ounce, in stukjes van 1 inch gesneden (ongeveer 8 kopjes)

2 kopjes koud water

3 grote eieren

1/2 kop geraspte Pecorino Romano, plus meer voor serveren

1/4 kopje gehakte verse peterselie

1 teentje knoflook, fijngehakt

Plantaardige olie om te frituren

Saus

1 middelgrote ui, fijngehakt

1/2 kopje olijfolie

2 (28-ounce) blikjes geïmporteerde Italiaanse gepelde tomaten met hun sap, gehakt

1 kleine gedroogde peperoncino, verkruimeld, of een snufje gemalen rode peper

Zout

6 verse basilicumblaadjes

1. Snij of scheur het brood in kleine stukjes of maal het brood in een keukenmachine tot grove kruimels. Week het brood 20 minuten in het water. Knijp het brood uit om het overtollige water te verwijderen.

2. Klop in een grote kom de eieren, kaas, peterselie en knoflook met een snufje zout en peper naar smaak. Roer het verkruimelde brood erdoor en meng zeer goed. Als het mengsel droog lijkt, roer er dan nog een ei door. Goed mengen. Vorm balletjes van het mengsel ter grootte van een golfbal.

3. Giet voldoende olie tot een diepte van 1/2 inch in een grote, zware koekenpan. Verhit de olie op middelhoog vuur tot een druppel van het broodmengsel sist wanneer het in de olie wordt geplaatst.

4. Voeg de balletjes toe aan de koekenpan en kook, voorzichtig draaiend, tot ze aan alle kanten goudbruin zijn, ongeveer 10 minuten. Laat de balletjes uitlekken op keukenpapier.

5. Om de saus te maken, kookt u de ui in een grote pan in de olijfolie op middelhoog vuur tot ze gaar is. Voeg de tomaten, peperoncino en zout naar smaak toe. Laat 15 minuten sudderen of tot het iets dikker is.

6. Voeg de broodballetjes toe en bestrijk ze met de saus. Laat nog 15 minuten sudderen. Bestrooi met de basilicum. Serveer met extra kaas.

Met ricotta gevulde pannenkoeken

Manicotti

Voor 6 tot 8 porties

Hoewel veel koks tubes pasta gebruiken om manicotti te maken, is dit het Napolitaanse familierecept van mijn moeder, gemaakt met pannenkoeken. De afgewerkte manicotti zijn veel lichter dan ze met pasta zouden worden gemaakt, en sommige koks vinden manicotti gemakkelijker te maken met pannenkoeken.

   3 kopjes[Napolitaanse Ragù](#)

Pannenkoeken

1 kopje bloem voor alle doeleinden

1 kopje water

3 eieren

½ theelepel zout

Plantaardige olie

Vulling

2 pond hele of halfvolle ricotta

4 ons verse mozzarella, gehakt of versnipperd

½ kopje vers geraspte Parmigiano-Reggiano

1 groot ei

2 eetlepels gehakte verse bladpeterselie

Versgemalen zwarte peper naar smaak

Snufje zout

½ kopje vers geraspte Parmigiano-Reggiano

1. Bereid de ragù voor. Klop vervolgens in een grote kom de ingrediënten voor de crêpe tot een gladde massa. Dek af en zet 30 minuten of langer in de koelkast.

2. Verhit een koekenpan met anti-aanbaklaag van 15 cm of een omeletpan op middelhoog vuur. Bestrijk de pan lichtjes met olie. Houd de pan in één hand en schep ongeveer een half kopje crêpebeslag erin. Til de pan onmiddellijk op en draai hem rond, zodat de bodem volledig bedekt is met een dun laagje beslag. Giet eventueel overtollig beslag af. Kook één minuut, of totdat de rand van de crêpe bruin wordt en van de pan begint los te komen. Draai de crêpe met je vingers om en bak de andere kant lichtbruin. Kook nog 30 seconden of tot het bruin is.

3.Schuif de gekookte crêpe op een bord. Herhaal dit, maak pannenkoeken met het overgebleven beslag en stapel ze op elkaar.

4.Om de vulling te maken, roer je alle ingrediënten in een grote kom tot ze net gemengd zijn.

5.Schep een dunne laag saus in een ovenschaal van 13 x 9 x 2 inch. Om de pannenkoeken te vullen, plaats je ongeveer een kwart kopje van de vulling in de lengte op één kant van een crêpe. Rol de crêpe in een cilinder en plaats deze met de naad naar beneden in de ovenschaal. Ga door met het vullen en rollen van de resterende pannenkoeken en plaats ze dicht bij elkaar. Schep er extra saus op. Bestrooi met kaas.

6.Plaats een rooster in het midden van de oven. Verwarm de oven voor op 350 ° F. Bak 30 tot 45 minuten of tot de saus borrelt en de manicotti zijn opgewarmd. Heet opdienen.

Abruzzese crêpe en champignontimbale

Timballo di Scrippelle

Maakt 8 porties

Een vriendin wiens grootmoeder uit Teramo in de regio Abruzzo kwam, haalde herinneringen op aan de heerlijke ovenschotel met pannenkoeken met laagjes champignons en kaas die haar grootmoeder voor de feestdagen maakte. Hier is een versie van dat gerecht dat ik heb aangepast uit het boek Ricette di Osterie d'Italia, van Slow Food Editore. Volgens het boek stammen de pannenkoeken af van de uitgebreide crêpebereidingen die in de zeventiende eeuw door Franse koks in de regio werden geïntroduceerd.

2½ kopjes <u>Toscaanse Tomatensaus</u>

Pannenkoeken

5 grote eieren

½ kopjes water

1 theelepel zout

1 1/2 kopjes bloem voor alle doeleinden

Plantaardige olie om te frituren

Vulling

1 kopje gedroogde paddenstoelen

1 kopje warm water

¼ kop olijfolie

1 pond verse witte champignons, gespoeld en in dikke plakjes gesneden

1 teentje knoflook, fijngehakt

2 eetlepels verse bladpeterselie

Zout en versgemalen zwarte peper

12 ons verse mozzarella, in plakjes gesneden en gescheurd in stukjes van 1 inch

1 kop vers geraspte Parmigiano-Reggiano

1. Bereid de tomatensaus voor. Klop de ingrediënten voor de crêpe in een grote kom tot een gladde massa. Dek af en zet 30 minuten of langer in de koelkast.

2. Verhit een koekenpan met anti-aanbaklaag van 15 cm of een omeletpan op middelhoog vuur. Bestrijk de pan lichtjes met olie. Houd de pan in één hand en schep ongeveer een half kopje crêpebeslag erin. Til de pan onmiddellijk op en draai hem rond,

zodat de bodem volledig bedekt is met een dun laagje beslag. Giet eventueel overtollig beslag af. Kook 1 minuut, of tot de rand van de crêpe bruin wordt en van de pan begint los te komen. Draai de crêpe met je vingers om en bak de andere kant lichtbruin. Kook nog 30 seconden of tot het bruin is.

3. Schuif de gekookte crêpe op een bord. Herhaal het maken van pannenkoeken met het resterende beslag en stapel ze op elkaar.

4. Om de vulling te maken, laat je de gedroogde paddenstoelen 30 minuten in het water weken. Verwijder de champignons en bewaar het vocht. Spoel de champignons af onder koud stromend water om al het gruis te verwijderen, waarbij u speciale aandacht besteedt aan de uiteinden van de stengels waar de grond zich verzamelt. Snij de champignons grof. Zeef het champignonvocht door een papieren koffiefilter in een kom.

5. Verhit de olie in een grote koekenpan. Voeg de champignons toe. Kook, vaak roerend, tot de champignons bruin zijn, 10 minuten. Voeg de knoflook, peterselie en zout en peper naar smaak toe. Kook tot de knoflook goudbruin is, nog ongeveer 2 minuten. Roer de gedroogde paddenstoelen en hun vloeistof erdoor. Kook 5 minuten of tot het grootste deel van de vloeistof is verdampt.

6.Plaats een rooster in het midden van de oven. Verwarm de oven voor op 375 ° F. Schep in een ovenschaal van 13 x 9 x 2 inch een dunne laag tomatensaus. Maak een laag crêpes en laat ze een beetje overlappen. Volg met een laag champignons, mozzarella, saus en kaas. Herhaal de laagjes en eindig met de pannenkoeken, saus en geraspte kaas.

7.Bak 45 tot 60 minuten of tot de saus borrelt. Laat 10 minuten rusten voordat u het serveert. Snijd in vierkanten en serveer warm.

Toscaanse handgemaakte spaghetti met vleessaus

Pici al Ragù

Maakt 6 porties

Taaie strengen handgemaakte pasta zijn populair in Toscane en delen van Umbrië, meestal op smaak gebracht met een vleeslapje. De pasta wordt pici of pinci genoemd en is afgeleid van het woord appicciata, wat 'met de hand langwerpig' betekent.

Ik heb deze in Montefollonico leren maken in een restaurant genaamd La Chiusa, waar de kok naar elke tafel komt en de gasten een kleine demonstratie geeft over hoe ze ze moeten maken. Deze zijn heel gemakkelijk te maken, hoewel tijdrovend.

3 kopjes ongebleekte bloem voor alle doeleinden, plus meer voor het vormen van het deeg

Zout

1 eetlepel olijfolie

Ongeveer 1 kopje water

    6 kopjes<u>Toscaanse vleessaus</u>

¼ kopje vers geraspte Parmigiano-Reggiano

1. Doe de bloem en ¼ theelepel zout in een grote kom en roer om te mengen. Giet de olijfolie in het midden. Begin het mengsel te roeren terwijl je langzaam het water toevoegt. Stop zodra het deeg begint samen te komen en een bal te vormen. Leg het deeg op een licht met bloem bestoven oppervlak en kneed het tot het glad en elastisch is, ongeveer 10 minuten.

2. Vorm het deeg tot een bal. Dek af met een omgekeerde kom en laat 30 minuten staan.

3. Bestrooi een grote bakvorm met bloem. Verdeel het deeg in vieren. Werk met een kwart van het deeg per keer terwijl je de rest bedekt houdt. Snijd kleine stukjes af ter grootte van een hazelnoot.

4. Op een licht met bloem bestoven oppervlak, met uw handen uitgestrekt, rolt u elk stuk deeg uit tot dunne strengen van ongeveer 1/8 inch dik. Plaats de strengen op de voorbereide bakplaat met wat ruimte ertussen. Herhaal met het resterende deeg. Laat de pasta ongeveer 1 uur onafgedekt drogen.

5. Maak ondertussen de saus klaar. Breng vervolgens 4 liter water aan de kook in een grote pan. Voeg zout naar smaak toe. Voeg de pici toe en kook tot ze beetgaar zijn, zacht en toch stevig bij de

hap. Giet de pasta af en doe de pasta met de saus in een grote, voorverwarmde kom. Bestrooi met de kaas en roer opnieuw. Heet opdienen.

Pici met knoflook en broodkruimels

Pici con le Briciole

Voor 4 tot 6 porties

Dit gerecht komt uit La Fattoria, een schilderachtig restaurant aan het meer in de buurt van de Etruskische stad Chiusi.

1 pond Toscaanse handgemaakte spaghetti met vleessaus, stappen 1 t/m 6

½ kopje olijfolie

4 grote teentjes knoflook

½ kopje fijne, droge broodkruimels

¼ kopje vers geraspte Pecorino Romano

1. Bereid de pasta voor. Verhit de olie in een koekenpan die groot genoeg is om alle pasta in te bewaren op middelhoog vuur. Pers de teentjes knoflook lichtjes en voeg ze toe aan de pan. Kook tot de knoflook goudbruin is, ongeveer 5 minuten. Laat het niet bruin worden. Haal de knoflook uit de pan en roer het paneermeel erdoor. Kook, vaak roerend, tot de kruimels bruin zijn, ongeveer 5 minuten.

2. Breng ondertussen minimaal 4 liter water aan de kook. Voeg de pasta en 2 eetlepels zout toe. Goed roeren. Kook op hoog vuur, onder regelmatig roeren, tot de pasta al dente, zacht en toch stevig is. Giet de pasta af.

3. Voeg de pasta met de kruimels toe aan de pan en roer goed op middelhoog vuur. Bestrooi met de kaas en roer opnieuw. Serveer onmiddellijk.

Griesmeel Pastadeeg

Maakt ongeveer 1 pond

Griesmeelmeel gemaakt van harde durumtarwe wordt gebruikt om verschillende soorten verse pasta te maken in Zuid-Italië, vooral in Puglia, Calabrië en Basilicata. Wanneer ze worden gekookt, zijn deze pasta's taai en passen ze goed bij robuuste vlees- en groentesauzen. Het deeg is erg stijf. Het kan met de hand worden gekneed, hoewel het een hele oefening is. Ik gebruik bij voorkeur een keukenmachine of een zware mixer om het zware mixen te doen, en kneed het dan kort met de hand om er zeker van te zijn dat de consistentie precies goed is.

1½ kopjes fijn griesmeelmeel

1 kopje bloem voor alle doeleinden, plus meer om te bestuiven

1 theelepel zout

Ongeveer 2/3 kopje warm water

1. Roer de droge ingrediënten in de kom van een keukenmachine of een krachtige mixer. Voeg geleidelijk water toe om een stijf, niet-plakkerig deeg te maken.

2. Leg het deeg op een licht met bloem bestoven oppervlak. Kneed tot een gladde massa, ongeveer 2 minuten.

3. Dek het deeg af met een kom en laat 30 minuten rusten. Bestuif twee grote bakplaten met bloem.

4. Snijd het deeg in 8 stukken. Werk met één stuk tegelijk en houd de overige stukken bedekt met een omgekeerde kom. Rol op een licht met bloem bestoven oppervlak een stuk deeg uit tot een lang touw van ongeveer 1/2 inch dik. Vorm het deeg tot cavatelli of orrecchiette, zoals beschreven in de<u>Cavatelli met Ragù</u>recept.

Cavatelli met Ragù

Cavatelli met Ragù

Voor 6 tot 8 porties

Winkels en catalogi die gespecialiseerd zijn in apparatuur voor het maken van pasta verkopen vaak een apparaat voor het maken van cavatelli. Het lijkt op een ouderwetse vleesmolen. Je klemt hem vast op het aanrecht, steekt aan het ene uiteinde een touwtje deeg in, draait aan de zwengel en aan het andere uiteinde komt er netjes gemaakte cavatelli uit. Het maakt korte metten met een partij van dit deeg, maar ik zou er geen moeite mee doen, tenzij ik regelmatig cavatelli maak.

Werk bij het vormgeven van de cavatelli op een houten of ander ruw gestructureerd oppervlak. Het ruwe oppervlak houdt de stukjes pastadeeg vast, waardoor ze met het mes kunnen worden gesleept in plaats van te glijden zoals op een glad, glad aanrecht.

Worst Ragù of Siciliaanse Tomatensaus

1 pond Griesmeel Pastadeeg voorbereid tot en met stap 4

Zout

1. Bereid de ragù of saus. Houd 2 bakplaten klaar, bestrooid met bloem.

2. Snijd het deeg in stukken van 1/2 inch. Houd een klein mes met een bot lemmet en een afgeronde punt vast met uw wijsvinger tegen het lemmet van het mes gedrukt. Maak elk stuk deeg plat door het lichtjes aan te drukken en te slepen, zodat het deeg rond de punt van het mes krult en een schaalvorm vormt.

3. Verdeel de stukken over de voorbereide pannen. Herhaal met het resterende deeg. (Als u de cavatelli niet binnen een uur gebruikt, plaatst u de pannen in de vriezer. Als de stukjes stevig zijn, schep ze dan in een plastic zak en sluit deze goed af. Niet ontdooien voordat u ze gaat koken.)

4. Om te koken, breng vier liter koud water aan de kook op hoog vuur. Voeg de cavatelli en 2 eetlepels zout toe. Kook, af en toe roerend, tot de pasta zacht en toch nog enigszins taai is.

5. Giet de cavatelli af en giet ze in een verwarmde serveerschaal. Meng met de saus. Heet opdienen.

Cavatelli met calamares en saffraan

Cavatelli met Sugo di Calamari

Maakt 6 porties

De licht taaie textuur van calamari vormt een aanvulling op de taaiheid van de cavatelli in dit eigentijdse Siciliaanse recept. De saus krijgt een gladde, fluweelzachte textuur door een mengsel van bloem en olijfolie en een mooie gele kleur door saffraan.

1 theelepel saffraandraadjes

2 eetlepels warm water

1 middelgrote ui, fijngehakt

2 teentjes knoflook, zeer fijngehakt

5 eetlepels olijfolie

1 pond schoongemaakt <u>calamares</u>(inktvis), in ringen van 1/2 inch gesneden

1/2 kop droge witte wijn

Zout en versgemalen zwarte peper

1 eetlepel bloem

1 pond verse of bevroren cavatelli

¼ kop gehakte verse bladpeterselie

Extra vergine olijfolie

1. Verkruimel de saffraan in het warme water en zet opzij.

2. In een koekenpan die groot genoeg is om alle pasta in te bewaren, kook je de ui en knoflook in 4 eetlepels olie op middelhoog vuur tot de ui licht goudbruin is, ongeveer 10 minuten. Voeg de calamares toe en kook al roerend tot de calamares net ondoorzichtig zijn, ongeveer 2 minuten. Voeg de wijn en zout en peper naar smaak toe. Breng aan de kook en kook 1 minuut.

3. Roer de resterende 1 eetlepel olie en de bloem door elkaar. Roer het mengsel door de calamares. Breng aan de kook. Voeg het saffraanmengsel toe en kook nog 5 minuten.

4. Breng ondertussen minimaal 4 liter water aan de kook. Voeg de pasta en 2 eetlepels zout toe. Goed roeren. Kook op hoog vuur, onder regelmatig roeren, tot de pasta gaar maar enigszins gaar is. Giet de pasta af en bewaar een deel van het kookwater.

5. Roer de pasta door de pan met de calamares. Voeg een beetje van het gereserveerde kookwater toe als het mengsel droog lijkt.

Roer de peterselie erdoor en meng goed. Haal van het vuur en besprenkel met een beetje extra vergine olijfolie. Serveer onmiddellijk.

Cavatelli met rucola en tomaat

Cavatelli met Rughetta en Pomodori

Voor 4 tot 6 porties

Rucola is vooral bekend als groene salade, maar in Puglia wordt hij vaak gekookt of, zoals in dit recept, op het laatste moment door hete soep of pastagerechten geroerd, zodat hij net slinkt. Ik hou van de nootachtige pittige smaak die het toevoegt.

¼ kop olijfolie

2 teentjes knoflook, fijngehakt

2 pond rijpe pruimtomaten, geschild, gezaaid en gehakt, of 1 (28 ounce) kan geïmporteerde Italiaanse gepelde tomaten met hun sap

Zout en versgemalen zwarte peper

1 pond verse of bevroren cavatelli

½ kopje geraspte ricotta salata of Pecorino Romano

1 grote bos rucola, bijgesneden en in hapklare stukjes gescheurd (ongeveer 2 kopjes)

1. In een koekenpan die groot genoeg is om alle ingrediënten te bevatten, kook je de knoflook in de olie op middelhoog vuur tot hij licht goudbruin is, ongeveer 2 minuten. Voeg de tomaten toe en zout en peper naar smaak. Breng de saus aan de kook en kook tot hij ingedikt is, ongeveer 20 minuten.

2. Breng minimaal 4 liter water aan de kook. Voeg de pasta en zout naar smaak toe. Goed roeren. Kook op hoog vuur, onder regelmatig roeren, tot de pasta gaar is. Giet de pasta af en bewaar een deel van het kookwater.

3. Roer de pasta met de helft van de kaas door de tomatensaus. Voeg de rucola toe en roer goed. Voeg een beetje van het bewaarde kookwater toe als de pasta te droog lijkt. Bestrooi met de overgebleven kaas en serveer onmiddellijk.

Orecchiette met Varkensragù

Orecchiette met Ragù di Maiale

Voor 6 tot 8 porties

Mijn vriendin Dora Marzovilla komt uit Rutigliano, vlakbij Bari. Ze is een deskundige pastamaker en ik heb veel geleerd door naar haar te kijken. Dora heeft een speciaal houten pastabord dat alleen wordt gebruikt voor het maken van pasta. Hoewel Dora veel soorten verse pasta maakt, zoals gnocchi, cavatelli, ravioli en maloreddus (Sardijnse saffraangnocchi) voor het restaurant van haar familie in New York City, I Trulli, is orecchiette haar specialiteit.

Het maken van orecchiette lijkt erg op het maken van cavatelli. Het grootste verschil is dat de pastaschelp een meer open koepelvorm heeft, zoiets als een omgevallen frisbee of, in de fantasievolle Italiaanse verbeelding, kleine oortjes, en zo hebben ze hun naam gekregen.

   1 recept<u>Griesmeeldeeg</u>

   3 kopjes<u>Varkensragù met verse kruiden</u>

½ kopje vers geraspte Pecorino Romano

1. Bereid ragù en deeg voor. Houd 2 grote bakplaten klaar, bestrooid met bloem. Snijd het deeg in stukken van 1/2 inch. Houd een klein mes met een bot lemmet en een afgeronde punt vast met uw wijsvinger tegen het lemmet van het mes gedrukt. Maak elk stuk deeg plat met de punt van het mes, druk er lichtjes op en sleep het zodat het deeg een schijf vormt. Keer elke schijf om over het topje van uw duim en creëer een koepelvorm.

2. Verdeel de stukken over de voorbereide pannen. Herhaal met het resterende deeg. (Als u de orecchiette niet binnen 1 uur gebruikt, plaatst u de pannetjes in de vriezer. Als de stukjes stevig zijn, schep ze dan in een plastic zak en sluit deze goed af. Niet ontdooien voordat u ze gaat koken.)

3. Breng minimaal 4 liter water aan de kook. Voeg de pasta en zout naar smaak toe. Goed roeren. Kook op hoog vuur, onder regelmatig roeren, tot de pasta al dente, zacht en toch stevig is. Giet de pasta af en bewaar een deel van het kookwater.

4. Voeg de pasta toe aan de ragù. Voeg de kaas toe en roer goed, voeg wat van het bewaarde kookwater toe als de saus te dik lijkt. Serveer onmiddellijk.

Orecchiette met Broccoli Rabe

Orecchiette met Cime di Rape

Voor 4 tot 6 porties

Dit is praktisch het officiële gerecht van Puglia, en nergens vind je het lekkerder. Er is broccoli rabe voor nodig, ook wel rapini genoemd, hoewel raapstelen, mosterd, boerenkool of gewone broccoli ook kunnen worden gebruikt. Broccoli rabe heeft lange stengels en bladeren en een aangenaam bittere smaak, hoewel het koken een deel van de bitterheid temt en zacht maakt.

1 bosje broccoli rabe (ongeveer 1½ pond), in stukken van 1 inch gesneden

Zout

⅓ kopje olijfolie

4 teentjes knoflook

8 ansjovisfilets

Snufje gemalen rode peper

1 pond verse orecchiette of cavatelli

1. Breng een grote pan water aan de kook. Voeg de broccoli rabe en zout naar smaak toe. Kook de broccoli rabe 5 minuten en laat hem uitlekken. Het moet nog stevig zijn.

2. Droog de pot. Verhit de olie met de knoflook op middelhoog vuur. Voeg de ansjovis en rode peper toe. Als de knoflook goudbruin is, voeg je de broccoli rabe toe. Kook, onder goed roeren, om de broccoli met de olie te bedekken, tot ze zeer zacht zijn, ongeveer 5 minuten.

3. Breng minimaal 4 liter water aan de kook. Voeg de pasta en zout naar smaak toe. Goed roeren. Kook op hoog vuur, onder regelmatig roeren, tot de pasta al dente, zacht en toch stevig is. Giet de pasta af en bewaar een deel van het kookwater.

4. Voeg de pasta toe aan de broccoli rabe. Kook al roerend gedurende 1 minuut of tot de pasta goed gemengd is. Voeg indien nodig een beetje van het kookwater toe.

Variatie: Verwijder de ansjovis. Serveer de pasta bestrooid met gehakte geroosterde amandelen of geraspte Pecorino Romano.

Variatie: Verwijder de ansjovis. Verwijder de darmen van 2 Italiaanse worsten. Snijd het vlees en kook het met de knoflook, hete peper en broccoli rabe. Serveer bestrooid met Pecorino Romano.

Orecchiette met bloemkool en tomaten

Orecchiette met Cavolfiore en Pomodori

Voor 4 tot 6 porties

Een Siciliaans familielid heeft mij deze pasta leren maken, maar hij wordt ook in Puglia gegeten. Als je wilt, kun je de geroosterde broodkruimels vervangen door geraspte kaas.

⅓ kopje plus 2 eetlepels olijfolie

1 teentje knoflook, fijngehakt

3 pond pruimtomaten, geschild, gezaaid en gehakt of 1 (28 ounce) kan geïmporteerde Italiaanse gepelde tomaten, met hun sap, gehakt

1 middelgrote bloemkool, afgesneden en in roosjes gesneden

Zout en versgemalen zwarte peper

3 eetlepels gewone, droge broodkruimels

2 ansjovis, gehakt (optioneel)

1 pond verse orecchiette

1. In een koekenpan die groot genoeg is om alle ingrediënten te bevatten, kook je de knoflook in 1/3 kopje olijfolie op middelhoog vuur tot hij goudbruin is. Voeg de tomaten toe en zout en peper naar smaak. Breng aan de kook en kook 10 minuten.

2. Roer de bloemkool erdoor. Dek af en kook, af en toe roerend, tot de bloemkool heel zacht is, ongeveer 25 minuten. Plet een deel van de bloemkool met de achterkant van een lepel.

3. Verhit de resterende 2 eetlepels olie in een kleine koekenpan op middelhoog vuur. Voeg eventueel broodkruimels en ansjovis toe. Kook al roerend tot de kruimels geroosterd zijn en de olie is opgenomen.

4. Breng minimaal 4 liter water aan de kook. Voeg de pasta en zout naar smaak toe. Kook, onder regelmatig roeren, tot de pasta al dente, zacht en toch stevig is. Giet de pasta af, bewaar een beetje van het kookwater.

5. Meng de pasta met de tomaten- en bloemkoolsaus. Voeg indien nodig een beetje van het kookwater toe. Bestrooi met het paneermeel en serveer onmiddellijk.

Orecchiette met Worst en Kool

Orecchiette met Salsiccia en Cavolo

Maakt 6 porties

Toen mijn vriendin Domenica Marzovilla terugkwam van een reis naar Toscane, beschreef ze mij deze pasta die ze bij een vriendin thuis had gegeten. Het klonk zo eenvoudig en goed, ik ging naar huis en maakte het.

2 eetlepels olijfolie

8 ons zoete varkensworstjes

8 ons warme varkensworstjes

2 kopjes ingeblikte geïmporteerde Italiaanse tomaten, uitgelekt en gehakt

Zout

1 pond Savooikool (ongeveer ½ middelgrote kop)

1 pond verse orecchiette of cavatelli

1. Verhit de olie in een middelgrote pan op middelhoog vuur. Voeg de worstjes toe en kook tot ze aan alle kanten bruin zijn, ongeveer 10 minuten.

2. Voeg de tomaten en een snufje zout toe. Breng aan de kook en kook tot de saus ingedikt is, ongeveer 30 minuten.

3. Snijd de kern van de kool. Snijd de kool in dunne reepjes.

4. Breng een grote pan water aan de kook. Voeg de kool toe en kook tot 1 minuut nadat het water weer aan de kook is. Schep de kool eruit met een schuimspaan. Goed laten uitlekken. Reserveer het kookwater.

5. Leg de worstjes op een snijplank en laat de saus in de pan. Voeg de kool toe aan de saus; kook 15 minuten. Snijd de worst dun.

6. Breng het water aan de kook en kook de pasta met zout naar smaak. Laat goed uitlekken en meng met de worst en de saus. Heet opdienen.

Orecchiette met zwaardvis

Orecchiette met Pesce Spada

Voor 4 tot 6 porties

Als je dat liever hebt, kun je de zwaardvis vervangen door tonijn of haai. Door de aubergine te zouten, wordt een deel van de bittere sappen verwijderd en wordt de textuur verbeterd, hoewel veel koks vinden dat deze stap niet nodig is. Ik zout het altijd, maar de keuze is aan jou. De aubergine kan enkele uren vóór de pasta worden gekookt. Verwarm het eenvoudigweg op een bakplaat in een oven van 350 ° F gedurende ongeveer 10 minuten voordat u het serveert. Deze Siciliaanse pasta is ongebruikelijk in de Italiaanse keuken omdat de saus weliswaar vis bevat, maar is afgewerkt met kaas, wat bijdraagt aan de rijkdom.

1 grote of 2 kleine aubergines (ongeveer 1 ½ pond)

Grof zout

Maïs of andere plantaardige olie om te frituren

3 eetlepels olijfolie

1 groot teentje knoflook, zeer fijngehakt

2 groene uien, fijngehakt

8 ons zwaardvis of andere vlezige vissteak (ongeveer 1/2 inch dik), huid verwijderd en in stukjes van 1/2 inch gesneden

Versgemalen zwarte peper naar smaak

2 eetlepels witte wijnazijn

2 kopjes gepelde, gezaaide en gehakte verse tomaten of gehakte geïmporteerde Italiaanse tomaten uit blik met hun sap

1 theelepel verse oreganoblaadjes, gehakt, of een snufje gedroogde oregano

1 pond verse orecchiette of cavatelli

1/3 kop vers geraspte Pecorino Romano

1. Snijd de aubergine in dobbelsteentjes van 1 inch. Doe de stukken in een vergiet op een bord en bestrooi rijkelijk met zout. Laat 30 minuten tot 1 uur staan. Spoel de stukjes aubergine snel af. Leg de stukjes op keukenpapier en knijp tot ze droog zijn.

2. Verhit ongeveer 1/2 inch olie in een grote, diepe koekenpan op middelhoog vuur. Om de olie te testen, plaats je er voorzichtig een klein stukje aubergine in. Als het sist en snel kookt, voeg dan voldoende aubergine toe om een enkele laag te maken. Laat de

pan niet vollopen. Kook, af en toe roerend, tot de aubergine knapperig en bruin is, ongeveer 5 minuten. Verwijder de stukken met een schuimspaan. Laat goed uitlekken op keukenpapier. Herhaal met de resterende aubergine. Opzij zetten.

3. In een middelgrote koekenpan op middelhoog vuur kook je de olijfolie met de knoflook en groene uien gedurende 30 seconden. Voeg de vis toe en bestrooi met zout en peper. Kook, af en toe roerend, tot de vis niet meer roze is, ongeveer 5 minuten. Voeg de azijn toe en kook gedurende 1 minuut. Voeg de tomaten en oregano toe. Breng aan de kook en kook gedurende 15 minuten, of tot het iets dikker is.

4. Breng ondertussen een grote pan koud water aan de kook. Voeg zout naar smaak toe en de pasta. Kook, af en toe roerend, tot het al dente, zacht en toch stevig is. Goed laten uitlekken.

5. Meng de pasta, saus en aubergine in een grote verwarmde serveerschaal. Goed gooien. Roer de kaas erdoor. Heet opdienen.

Rijst, maïsmeel en andere granen

Van de vele soorten granen die in heel Italië worden verbouwd en gebruikt, zijn rijst en maïsmeel de meest voorkomende. Farro, couscous en gerst zijn regionale favorieten, net als tarwebessen.

Rijst werd voor het eerst vanuit het Midden-Oosten naar Italië gebracht. Het groeit bijzonder goed in Noord-Italië, vooral in de regio's Piemonte en Emilia-Romagna.

Italiaanse koks zijn heel specifiek over het type middelkorrelige rijst dat ze verkiezen, hoewel de verschillen tussen de variëteiten subtiel kunnen zijn. Veel koks zullen één variant specificeren voor een risotto met zeevruchten en een andere voor een risotto gemaakt met groenten. Vaak zijn de voorkeuren regionaal of gewoonweg traditioneel, hoewel elke variëteit specifieke eigenschappen heeft. Carnaroli-rijst behoudt zijn vorm goed en zorgt voor een risotto die iets romiger is. Vialone Nano kookt sneller en heeft een mildere smaak. Arborio is de bekendste en overal verkrijgbaar, maar de smaak is minder subtiel. Het is het beste voor risotto gemaakt met sterke smaakstoffen. Elk van deze drie varianten kan worden gebruikt voor de risottorecepten in dit boek.

Maïs is een relatief nieuw graan in Italië. Pas na de Europese verkenning van de Nieuwe Wereld vond maïs zijn weg naar Spanje en verspreidde zich van daaruit over het hele continent. Maïs is gemakkelijk en goedkoop te kweken, dus werd het al snel op grote schaal aangeplant. Het grootste deel ervan wordt verbouwd voor veevoer, maar maïsmeel, zowel wit als geel, wordt meestal gebruikt voor polenta. In Italië wordt zelden maïskolven gegeten, behalve in Napels, waar verkopers soms gegrilde maïs als straatvoedsel verkopen. Romeinen voegen soms maïsniblets uit blik toe aan gemengde salades, maar het is iets van een exotische eigenaardigheid.

Farro en soortgelijke tarweachtige granen komen het meest voor in Midden- en Zuid-Italië, waar ze worden verbouwd. Farro, een oude tarwevariëteit, wordt door Italianen als een gezondheidsvoedsel beschouwd. Het is uitstekend in soepen, salades en andere bereidingen.

Gerst is een oud graan dat goed groeit in de koudere streken van het noorden. De Romeinen voerden gerst en andere granen aan hun legers. Het werd gekookt tot een pap of soep die bekend staat als puls, waarschijnlijk de voorloper van polenta. Tegenwoordig vind je gerst vooral in het noordoosten van Italië, vlakbij Oostenrijk, gekookt als risotto of toegevoegd aan soep.

Couscous, gemaakt van meel van harde tarwe, in kleine pellets gerold, is typisch voor West-Sicilië en is een overblijfsel van de Arabische overheersing van de regio eeuwen geleden. Het wordt meestal gekookt met een soepachtige stoofpot van zeevruchten of vlees.

RIJST

Rijst wordt verbouwd in Noord-Italië in de regio's Piemonte en Emilia-Romagna, en het is een hoofdbestanddeel dat vaak als voorgerecht wordt gegeten in plaats van pasta of soep. De klassieke methode om rijst te koken is als risotto, wat mijn idee is van rijst in de hemel!

Als je het nog nooit eerder hebt gemaakt, lijkt de risottotechniek misschien ongebruikelijk. Geen enkele andere cultuur bereidt rijst op dezelfde manier als de Italianen, hoewel de techniek vergelijkbaar is met het maken van pilaf, waarbij de rijst wordt gebakken en vervolgens gekookt, en het kookvocht wordt opgenomen. Het idee is om de rijst zo te koken dat deze zijn zetmeel vrijgeeft en een romige saus vormt. De afgewerkte rijst moet zacht zijn, maar toch stevig bij de hap – al dente. De korrels hebben de smaken van de andere ingrediënten opgenomen en zijn omgeven door een romige vloeistof. Voor het beste resultaat moet risotto onmiddellijk na het koken worden gegeten, anders kan hij droog en papperig worden.

Risotto is het lekkerst als je hem thuis kookt. Er zijn maar weinig restaurants die zoveel tijd aan het koken van risotto kunnen besteden als nodig is, ook al duurt het niet zo lang. In feite koken veel restaurantkeukens de rijst gedeeltelijk voor en koelen deze vervolgens af. Wanneer iemand risotto bestelt, wordt de rijst opnieuw verwarmd en wordt er vloeistof aan toegevoegd met de smaakstoffen die nodig zijn om het koken af te maken.

Als u de procedure eenmaal begrijpt, is het maken van risotto vrij eenvoudig en kan deze worden aangepast aan veel verschillende ingrediëntencombinaties. De eerste stap bij het maken van risotto is het verkrijgen van de juiste rijstsoort. Langkorrelige rijst, zoals we die vaak in de Verenigde Staten vinden, is niet geschikt voor het maken van risotto omdat deze niet het juiste soort zetmeel bevat. Halfkorrelige rijst, meestal verkocht als Arborio-, Carnaroli- of Vialone Nano-variëteiten, heeft een soort zetmeel dat uit de granen vrijkomt wanneer het wordt gekookt en geroerd met bouillon of een andere vloeistof. Het zetmeel bindt zich met de vloeistof en wordt romig.

Middelkorrelige rijst geïmporteerd uit Italië is overal verkrijgbaar in supermarkten. Hij wordt ook in de Verenigde Staten geteeld en is nu gemakkelijk te vinden.

Je hebt ook goede kip-, vlees-, vis- of groentebouillon nodig. Zelfgemaakt heeft de voorkeur, maar bouillon uit blik (of uit een doos) kan ook worden gebruikt. Ik vind in de winkel gekochte bouillon te sterk om rechtstreeks uit de container te gebruiken en verdun deze vaak met water. Houd er rekening mee dat verpakte bouillon, tenzij u een natriumarme variant gebruikt, veel zout bevat, dus pas eventueel toegevoegd zout dienovereenkomstig aan. Boullionblokjes zijn erg zout en kunstmatig van smaak, dus ik gebruik ze niet.

Witte Risotto

Risotto in Bianco

Maakt 4 porties

Deze effen witte risotto is net zo eenvoudig en bevredigend als vanille-ijs. Serveer het zoals het is als voorgerecht of als bijgerecht bij gestoofd vlees. Als je toevallig een verse truffel hebt, probeer deze dan over de afgewerkte risotto te schaven voor een luxueus tintje. In dat geval moet je de kaas weglaten.

4 kopjes <u>Vleesbouillon</u> of <u>Kippen bouillon</u>

4 eetlepels ongezouten boter

1 eetlepel olijfolie

¼ kopje gehakte sjalotjes of ui

½ kopjes middelkorrelige rijst, zoals Arborio, Carnaroli of Vialone Nano

½ kopje droge witte wijn of mousserende wijn

Zout en versgemalen zwarte peper

⅟ kopje vers geraspte Parmigiano-Reggiano

1. Bereid indien nodig de bouillon. Breng de bouillon op middelhoog vuur aan de kook en zet het vuur lager, zodat de bouillon net warm blijft. Smelt in een grote, zware pan 3 eetlepels boter met de olie op middelhoog vuur. Voeg de sjalotjes toe en kook tot ze zacht maar niet bruin zijn, ongeveer 5 minuten.

2. Voeg de rijst toe en roer met een houten lepel tot hij heet is, ongeveer 2 minuten. Voeg de wijn toe en kook al roerend tot het grootste deel van de vloeistof verdampt is.

3. Giet een half kopje bouillon over de rijst. Kook al roerend tot het grootste deel van de vloeistof is opgenomen. Ga door met het toevoegen van bouillon, ongeveer een halve kop per keer, en roer na elke toevoeging. Pas het vuur zo aan dat de vloeistof snel kookt, maar dat de rijst niet aan de pan blijft plakken. Voeg ongeveer halverwege de kooktijd zout en peper naar smaak toe.

4. Gebruik slechts zoveel bouillon als nodig is, totdat de rijst zacht en toch stevig aanvoelt en de risotto romig is. Als je denkt dat het klaar is, proef dan een paar granen. Als je er nog niet klaar voor bent, test dan over ongeveer een minuut opnieuw. Als de bouillon op is voordat de rijst gaar is, gebruik dan heet water. De kooktijd bedraagt 18 tot 20 minuten.

5. Haal de risottopan van het vuur. Roer de resterende eetlepel boter en kaas erdoor tot het gesmolten en romig is. Serveer onmiddellijk.

Saffraanrisotto, Milanese stijl

Milanese risotto

Voor 4 tot 6 porties

Gouden risotto op smaak gebracht met saffraan is de klassieke Milanese begeleiding bij Osso Buco (zie<u>Kalfsschenkel, Milanese stijl</u>). Het toevoegen van merg uit grote runderbotten aan de risotto geeft een rijke, vlezige smaak en is traditioneel, maar de risotto kan ook zonder worden gemaakt.

6 kopjes<u>Kippen bouillon</u>of<u>Vleesbouillon</u>

½ theelepel verkruimelde saffraandraadjes

4 eetlepels ongezouten boter

2 eetlepels rundermerg (optioneel)

2 eetlepels olijfolie

1 kleine ui, zeer fijn gesneden

2 kopjes (ongeveer 1 pond) middelkorrelige rijst, zoals Arborio, Carnaroli of Vialone Nano

Zout en versgemalen zwarte peper

¼ kopje vers geraspte Parmigiano-Reggiano

1. Bereid indien nodig de bouillon. Breng de bouillon op middelhoog vuur aan de kook en zet het vuur lager, zodat de bouillon net warm blijft. Verwijder een half kopje bouillon en doe het in een kleine kom. Voeg de saffraan toe en laat deze weken.

2. Verhit in een brede, zware pan 2 eetlepels boter, het merg (indien gebruikt) en de olie op middelhoog vuur. Als de boter is gesmolten, voeg je de ui toe en kook je, vaak roerend, tot hij goudbruin is, ongeveer 10 minuten.

3. Voeg de rijst toe en kook, al roerend met een houten lepel, tot hij heet is, ongeveer 2 minuten. Voeg een half kopje hete bouillon toe en roer tot de vloeistof is opgenomen. Ga door met het toevoegen van de bouillon, halve kop per keer, en roer na elke toevoeging. Pas het vuur zo aan dat de vloeistof snel kookt, maar dat de rijst niet aan de pan blijft plakken. Roer ongeveer halverwege de kooktijd het saffraanmengsel en zout en peper naar smaak erdoor.

4. Gebruik slechts zoveel bouillon als nodig is, totdat de rijst zacht en toch stevig aanvoelt. Als je denkt dat het klaar is, proef dan een paar granen. Als je er nog niet klaar voor bent, test dan over

ongeveer een minuut opnieuw. Als de bouillon op is voordat de rijst gaar is, gebruik dan heet water. De kooktijd bedraagt 18 tot 20 minuten.

5. Haal de risottopan van het vuur en roer de resterende 2 eetlepels boter en de kaas erdoor tot deze gesmolten en romig is. Serveer onmiddellijk.

Risotto van asperges

Risotto met Asparagi

Maakt 6 porties

De regio Veneto staat bekend om zijn prachtige witte asperges met lavendelpuntjes. Om de delicate kleur te bereiken, worden de asperges tijdens de groei afgedekt gehouden, zodat ze niet worden blootgesteld aan zonlicht en geen chlorofyl vormen. Witte asperges hebben een delicate smaak en zijn malser dan de groene variant. Witte asperges zijn ideaal voor deze risotto, maar je kunt hem ook maken met de gewone groene variant en de smaak blijft erg lekker.

- 5 kopjes <u>Kippen bouillon</u>
- 1 pond verse asperges, bijgesneden
- 4 eetlepels ongezouten boter
- 1 kleine ui, fijngehakt
- 2 kopjes middelkorrelige rijst, zoals Arborio, Carnaroli of Vialone Nano
- ½ kop droge witte wijn
- Zout en versgemalen zwarte peper

¾ kop vers geraspte Parmigiano-Reggiano

1. Bereid indien nodig de bouillon. Breng de bouillon op middelhoog vuur aan de kook en zet het vuur lager, zodat de bouillon net warm blijft. Snijd de aspergepunten af en leg ze opzij. Snijd de stengels in plakjes van een halve centimeter.

2. Smelt 3 eetlepels boter in een brede, zware pan. Voeg de ui toe en kook op middelhoog vuur, af en toe roerend, tot hij zeer zacht en goudbruin is, ongeveer 10 minuten.

3. Roer de aspergesstelen erdoor. Kook, af en toe roerend, 5 minuten.

4. Voeg de rijst toe en kook, al roerend met een houten lepel, tot hij heet is, ongeveer 2 minuten. Voeg de wijn toe en kook, onder voortdurend roeren, tot de vloeistof verdampt. Giet een half kopje bouillon over de rijst. Kook al roerend tot het grootste deel van de vloeistof is opgenomen.

5. Ga door met het toevoegen van bouillon, ongeveer een halve kop per keer, en roer na elke toevoeging. Pas het vuur zo aan dat de vloeistof snel kookt, maar dat de rijst niet aan de pan blijft plakken. Roer na ongeveer 10 minuten de aspergetips erdoor. Breng op smaak met zout en peper. Gebruik slechts zoveel bouillon als nodig is, totdat de rijst zacht en toch stevig aanvoelt

en de risotto romig is. Als je denkt dat het klaar is, proef dan een paar granen. Als je er nog niet klaar voor bent, test dan over ongeveer een minuut opnieuw. Als de bouillon op is voordat de rijst gaar is, gebruik dan heet water. De kooktijd bedraagt 18 tot 20 minuten.

6. Haal de risottopan van het vuur. Roer de kaas en de resterende eetlepel boter erdoor. Smaak voor kruiden. Serveer onmiddellijk.

Risotto met rode paprika

Risotto met Peperoni Rossi

Maakt 6 porties

Op het hoogtepunt van het seizoen, wanneer schitterende rode paprika's hoog opgestapeld liggen bij de groenteboeren, raak ik geïnspireerd om ze op vele manieren te gebruiken. Hun zoete, zachte smaak en prachtige kleur zorgen ervoor dat alles, van omeletten tot pasta's, soepen, salades en stoofschotels, beter smaakt. Dit is geen traditioneel recept, maar een recept dat ik op een dag bedacht toen ik op zoek was naar een nieuwe manier om rode paprika's te gebruiken. Gele of oranje paprika's zouden ook goed zijn in dit recept.

5 kopjes<u>Kippen bouillon</u>

3 eetlepels ongezouten boter

1 eetlepel olijfolie

1 kleine ui, fijngehakt

2 rode paprika's, zonder zaadjes en fijngehakt

2 kopjes middelkorrelige rijst, zoals Arborio, Carnaroli of Vialone Nano

Zout en versgemalen zwarte peper

⅓ kopje vers geraspte Parmigiano-Reggiano

1. Bereid indien nodig de bouillon. Breng de bouillon op middelhoog vuur aan de kook en zet het vuur lager, zodat de bouillon net warm blijft. Verhit in een grote, zware pan 2 eetlepels boter en de olie op middelhoog vuur. Als de boter is gesmolten, voeg je de ui toe en kook je, vaak roerend, tot hij goudbruin is, ongeveer 10 minuten. Voeg de paprika's toe en kook nog 10 minuten.

2. Voeg de rijst toe en roer met een houten lepel tot hij heet is, ongeveer 2 minuten. Voeg een half kopje hete bouillon toe en roer tot de vloeistof is opgenomen. Ga door met het toevoegen van de bouillon, een halve kop per keer, en roer na elke toevoeging. Pas het vuur zo aan dat de vloeistof snel kookt, maar dat de rijst niet aan de pan blijft plakken. Voeg ongeveer halverwege het koken zout en peper naar smaak toe.

3. Gebruik slechts zoveel bouillon als nodig is, totdat de rijst zacht en toch stevig aanvoelt en de risotto romig is. Als je denkt dat het klaar is, proef dan een paar granen. Als je er nog niet klaar voor bent, test dan over ongeveer een minuut opnieuw. Als de

vloeistof opraakt voordat de rijst gaar is, beëindig het koken dan met heet water. De kooktijd bedraagt 18 tot 20 minuten.

4. Haal de risottopan van het vuur. Roer de resterende eetlepel boter en de kaas erdoor tot het gesmolten en romig is. Smaak voor kruiden. Serveer onmiddellijk.

Risotto van Tomaat en Rucola

Risotto met Pomodori en Rucola

Maakt 6 porties

Verse tomaten, basilicum en rucola maken deze risotto tot de essentie van de zomer. Ik serveer er graag een koele witte wijn bij, zoals Campania's Furore van producent Matilde Cuomo.

- 5 kopjes <u>Kippen bouillon</u>
- 1 grote bos rucola, bijgesneden en gespoeld
- 3 eetlepels olijfolie
- 1 kleine ui, fijngehakt
- 2 pond rijpe pruimtomaten, geschild, gezaaid en gehakt
- 2 kopjes middelkorrelige rijst, zoals Arborio, Carnaroli of Vialone Nano
- Zout en versgemalen zwarte peper
- ½ kopje vers geraspte Parmigiano-Reggiano
- 2 eetlepels gehakte verse basilicum
- 1 eetlepel extra vergine olijfolie

1. Bereid indien nodig de bouillon. Breng de bouillon op middelhoog vuur aan de kook en zet het vuur lager, zodat de bouillon net warm blijft. Scheur de rucolablaadjes in hapklare stukjes. Je zou ongeveer 2 kopjes moeten hebben.

2. Giet de olie in een brede, zware pan. Voeg de ui toe en kook op middelhoog vuur, af en toe roerend met een houten lepel, tot de ui heel zacht en goudbruin is, ongeveer 10 minuten.

3. Roer de tomaten erdoor. Kook, af en toe roerend, tot het grootste deel van het sap is verdampt, ongeveer 10 minuten.

4. Voeg de rijst toe en kook, al roerend met een houten lepel, tot hij heet is, ongeveer 2 minuten. Giet een half kopje bouillon over de rijst. Kook en roer tot het grootste deel van de vloeistof is opgenomen.

5. Ga door met het toevoegen van bouillon, ongeveer een halve kop per keer, en roer na elke toevoeging. Pas het vuur zo aan dat de vloeistof snel kookt, maar dat de rijst niet aan de pan blijft plakken. Halverwege het koken op smaak brengen met peper en zout. Gebruik slechts zoveel bouillon als nodig is, totdat de rijst zacht en toch stevig aanvoelt en de risotto romig is. Als je denkt dat het klaar is, proef dan een paar granen. Als je er nog niet klaar voor bent, test dan over ongeveer een minuut opnieuw. Als

de bouillon op is voordat de rijst gaar is, gebruik dan heet water. De kooktijd bedraagt 18 tot 20 minuten.

6. Haal de risottopan van het vuur. Roer de kaas, basilicum en een eetlepel extra vergine olijfolie erdoor. Smaak voor kruiden. Roer de rucola erdoor en serveer direct.

Risotto met rode wijn en radicchio

Risotto al Radicchio

Maakt 6 porties

Radicchio, lid van de cichoreifamilie, wordt geteeld in de Veneto. Net als andijvie, waaraan het verwant is, heeft radicchio een licht bittere maar toch zoete smaak. Hoewel we het vooral zien als een kleurrijke toevoeging aan een slakom, koken de Italianen vaak radicchio. Het kan in partjes worden gesneden en gegrild, of de bladeren kunnen om een vulling worden gewikkeld en als aperitief worden gebakken. De levendige wijnrode kleur wordt tijdens het koken donker mahoniebruin. Deze risotto at ik bij Il Cenacolo, een restaurant in Verona met traditionele recepten.

5 kopjes Kippen bouillon of Vleesbouillon

1 middelgrote kop radicchio (ongeveer 12 ons)

2 eetlepels olijfolie

2 eetlepels ongezouten boter

1 kleine ui, fijngehakt

1/2 kop droge rode wijn

2 kopjes middelkorrelige rijst, zoals Arborio, Carnaroli of Vialone Nano

Zout en versgemalen zwarte peper

½ kopje vers geraspte Parmigiano-Reggiano

1. Bereid indien nodig de bouillon. Breng de bouillon op middelhoog vuur aan de kook en zet het vuur lager, zodat de bouillon net warm blijft. Maak de radicchio schoon en snijd hem in plakjes van een halve centimeter dik. Snijd de plakjes in lengtes van 1 inch.

2. Verhit de olie in een grote, zware pan met 1 eetlepel boter op middelhoog vuur. Als de boter is gesmolten, voeg je de ui toe en kook je, af en toe roerend, tot de ui heel zacht is, ongeveer 10 minuten.

3. Verhoog het vuur tot medium, roer de radicchio erdoor en kook tot hij verwelkt is, ongeveer 10 minuten.

4. Roer de rijst erdoor. Voeg de wijn toe en kook al roerend tot het grootste deel van de vloeistof is opgenomen. Giet een half kopje bouillon over de rijst. Kook en roer tot het grootste deel van de vloeistof is opgenomen.

5. Ga door met het toevoegen van bouillon, ongeveer een halve kop per keer, en roer na elke toevoeging. Pas het vuur zo aan dat de

vloeistof snel kookt, maar dat de rijst niet aan de pan blijft plakken. Halverwege het koken op smaak brengen met peper en zout. Gebruik slechts zoveel bouillon als nodig is, totdat de rijst zacht en toch stevig aanvoelt en de risotto romig is. Als je denkt dat het klaar is, proef dan een paar granen. Als je er nog niet klaar voor bent, test dan over ongeveer een minuut opnieuw. Als de bouillon op is voordat de rijst gaar is, gebruik dan heet water. De kooktijd bedraagt 18 tot 20 minuten.

6. Haal de pan van het vuur en roer de resterende eetlepel boter en de kaas erdoor. Smaak voor kruiden. Serveer onmiddellijk.

Risotto met romige bloemkool

Risotto al Cavolfiore

Maakt 6 porties

In Parma eet je misschien geen voorgerecht of hoofdgerecht, maar je zou nooit een kans willen missen om risotto of pasta te eten; ze zijn altijd ongelooflijk goed. Dit is mijn versie van een risotto die ik een paar jaar geleden at bij La Filoma, een uitstekende trattoria.

De eerste keer dat ik deze risotto maakte, had ik toevallig een tube witte truffelpasta bij de hand en aan het einde van de kooktijd roerde ik er wat door. De smaak was sensationeel. Probeer het eens als je truffelpasta kunt vinden.

4 kopjes <u>Kippen bouillon</u>

4 kopjes bloemkool, in roosjes van 1/2 inch gesneden

1 teentje knoflook, fijngehakt

1½ kopjes melk

Zout

4 eetlepels ongezouten boter

¼ kop fijngehakte ui

2 kopjes middelkorrelige rijst, zoals Arborio, Carnaroli of Vialone Nano

Vers gemalen zwarte peper

¾ kop vers geraspte Parmigiano-Reggiano

1. Bereid indien nodig de bouillon. Breng de bouillon op middelhoog vuur aan de kook en zet het vuur lager, zodat de bouillon net warm blijft. Meng de bloemkool, knoflook, melk en een snufje zout in een middelgrote pan. Breng aan de kook. Kook tot het grootste deel van de vloeistof is verdampt en de bloemkool zacht is, ongeveer 10 minuten. Houd het vuur heel laag en roer het mengsel af en toe zodat het niet aanbrandt.

2. Verhit de olie in een grote, zware pan met 2 eetlepels boter op middelhoog vuur. Als de boter is gesmolten, voeg je de ui toe en kook je, onder af en toe roeren, tot de ui heel zacht en goudbruin is, ongeveer 10 minuten.

3. Voeg de rijst toe en kook, al roerend met een houten lepel, tot hij heet is, ongeveer 2 minuten. Giet ongeveer een half kopje bouillon erbij. Kook en roer tot het grootste deel van de vloeistof is opgenomen.

4. Blijf de bouillon ½ kopje per keer toevoegen, onder voortdurend roeren, totdat het is opgenomen. Pas het vuur zo aan dat de vloeistof snel kookt, maar dat de rijst niet aan de pan blijft plakken. Ongeveer halverwege het koken, breng op smaak met zout en peper.

5. Als de rijst bijna klaar is, roer je het bloemkoolmengsel erdoor. Gebruik slechts zoveel bouillon als nodig is, totdat de rijst zacht en toch stevig aanvoelt en de risotto romig is. Als je denkt dat het klaar is, proef dan een paar granen. Als je er nog niet klaar voor bent, test dan over ongeveer een minuut opnieuw. Als de bouillon op is voordat de rijst gaar is, gebruik dan heet water. De kooktijd bedraagt 18 tot 20 minuten.

6. Haal de pan van het vuur en proef of er kruiden zijn. Roer de resterende 2 eetlepels boter en de kaas erdoor. Serveer onmiddellijk.

Citroenrisotto

Risotto al Limone

Maakt 6 porties

De levendige smaak van verse citroenschil en -sap fleurt deze risotto op die ik in Capri heb gegeten. Hoewel de Italianen het niet vaak doen, serveer ik het graag als bijgerecht bij gebakken Sint-Jakobsschelpen of gegrilde vis.

    5 kopjes<u>Kippen bouillon</u>

4 eetlepels ongezouten boter

1 kleine ui, fijngehakt

2 kopjes middelkorrelige rijst, zoals Arborio, Carnaroli of Vialone Nano

Zout en versgemalen zwarte peper

1 eetlepel vers citroensap

1 theelepel geraspte citroenschil

½ kopje vers geraspte Parmigiano-Reggiano

1.Bereid indien nodig de bouillon. Breng de bouillon op middelhoog vuur aan de kook en zet het vuur lager, zodat de bouillon net warm blijft. Smelt 2 eetlepels boter in een brede, zware pan op middelhoog vuur. Voeg de ui toe en kook, vaak roerend, tot hij goudbruin is, ongeveer 10 minuten.

2. Voeg de rijst toe en roer met een houten lepel tot hij heet is, ongeveer 2 minuten. Voeg een half kopje hete bouillon toe en roer tot de vloeistof is opgenomen.

3. Ga door met het toevoegen van de bouillon, halve kop per keer, en roer na elke toevoeging. Pas het vuur zo aan dat de vloeistof snel kookt, maar dat de rijst niet aan de pan blijft plakken. Ongeveer halverwege de kooktijd op smaak brengen met peper en zout.

4. Gebruik slechts zoveel bouillon als nodig is, totdat de rijst zacht en toch stevig aanvoelt en de risotto romig is. Als je denkt dat het klaar is, proef dan een paar granen. Als je er nog niet klaar voor bent, test dan over ongeveer een minuut opnieuw. Als de bouillon op is voordat de rijst gaar is, gebruik dan heet water. De kooktijd bedraagt 18 tot 20 minuten.

5. Haal de risottopan van het vuur. Voeg het citroensap en de schil, de resterende 2 eetlepels boter en de kaas toe. Roer tot de boter en kaas gesmolten en romig zijn. Smaak voor kruiden. Serveer onmiddellijk.

Spinazie Risotto

Risotto met Spinazie

Maakt 6 porties

Als je wat verse basilicum hebt, voeg dat dan toe in plaats van de peterselie. Andere groenten zoals snijbiet of escarole kunnen worden gebruikt in plaats van spinazie.

5 kopjes <u>Kippen bouillon</u>

1 pond verse spinazie, gewassen en stengels verwijderd

¼ kopje water

Zout

4 eetlepels ongezouten boter

1 middelgrote ui, fijngehakt

2 kopjes (ongeveer 1 pond) middelkorrelige rijst, zoals Arborio, Carnaroli of Vialone Nano

Vers gemalen zwarte peper

¼ kop gehakte verse bladpeterselie

½ kopje vers geraspte Parmigiano-Reggiano

1. Bereid indien nodig de bouillon. Breng de bouillon op middelhoog vuur aan de kook en zet het vuur lager, zodat de bouillon net warm blijft. Meng de spinazie, het water en het zout naar smaak in een grote pan. Dek af en breng aan de kook. Kook tot de spinazie verwelkt is, ongeveer 3 minuten. Giet de spinazie af en knijp lichtjes uit om de sappen eruit te halen. Snij de spinazie fijn.

2. Verhit 3 eetlepels boter in een brede, zware pan op middelhoog vuur. Als de boter is gesmolten, voeg je de ui toe en kook je, vaak roerend, tot hij goudbruin is, ongeveer 10 minuten

3. Voeg de rijst toe aan de ui en kook, al roerend met een houten lepel, tot hij heet is, ongeveer 2 minuten. Voeg een half kopje hete bouillon toe en roer tot de vloeistof is opgenomen. Ga door met het toevoegen van de bouillon, halve kop per keer, en roer na elke toevoeging. Pas het vuur zo aan dat de vloeistof snel kookt, maar dat de rijst niet aan de pan blijft plakken. Roer halverwege het koken de spinazie en zout en peper naar smaak erdoor.

4. Gebruik slechts zoveel bouillon als nodig is, totdat de rijst zacht en toch stevig aanvoelt en de risotto romig is. Als je denkt dat

het klaar is, proef dan een paar granen. Als je er nog niet klaar voor bent, test dan over ongeveer een minuut opnieuw. Als de bouillon op is voordat de rijst gaar is, gebruik dan heet water. De kooktijd bedraagt 18 tot 20 minuten.

5. Haal de risottopan van het vuur. Roer de resterende boter en de kaas erdoor. Serveer onmiddellijk.

Gouden Pompoenrisotto

Risotto met Zucca d'Oro

Voor 4 tot 6 porties

Op Italiaanse groentemarkten kunnen koks partjes grote winterpompoen kopen om voor risotto te gebruiken. Pompoen komt het dichtst in de buurt van de zoete smaak en boterachtige textuur van de Italiaanse variëteiten. Deze risotto is een specialiteit van Mantua in Lombardije.

- 5 kopjes <u>Kippen bouillon</u>
- 4 eetlepels ongezouten boter
- ¼ kop fijngehakte sjalotjes of ui
- 2 kopjes geschilde en gehakte pompoen (ongeveer 1 pond)
- 2 kopjes middelkorrelige rijst, zoals Arborio, Carnaroli of Vialone Nano
- ½ kop droge witte wijn
- Zout en versgemalen zwarte peper
- ⅟ kopje vers geraspte Parmigiano-Reggiano

1. Bereid indien nodig de bouillon. Breng de bouillon op middelhoog vuur aan de kook en zet het vuur lager, zodat de bouillon net warm blijft. Smelt in een brede, zware pan drie eetlepels boter op middelhoog vuur. Voeg de sjalotten toe en kook, al roerend vaak, tot ze goudbruin zijn, ongeveer 5 minuten.

2. Voeg de pompoen en een half kopje bouillon toe. Kook tot de bouillon verdampt.

3. Voeg de rijst toe en kook, al roerend met een houten lepel, tot hij heet is, ongeveer 2 minuten. Roer de wijn erdoor tot deze verdampt.

4. Voeg een half kopje hete bouillon toe en roer tot de vloeistof is opgenomen. Ga door met het toevoegen van de bouillon, halve kop per keer, en roer na elke toevoeging. Pas het vuur zo aan dat de vloeistof snel kookt, maar dat de rijst niet aan de pan blijft plakken. Halverwege het koken zout en peper naar smaak erdoor roeren.

5. Gebruik slechts zoveel bouillon als nodig is, totdat de rijst zacht en toch stevig aanvoelt en de risotto romig is. Als je denkt dat het klaar is, proef dan een paar granen. Als je er nog niet klaar voor bent, test dan over ongeveer een minuut opnieuw. Als de

bouillon op is voordat de rijst gaar is, gebruik dan heet water. De kooktijd bedraagt 18 tot 20 minuten.

6.Haal de risottopan van het vuur. Roer de resterende boter en de kaas erdoor. Serveer onmiddellijk.

Venetiaanse Risotto Met Erwten

Risi en Bisi

Maakt 6 porties

In Venetië wordt deze risotto gegeten om de komst van de lente en de eerste verse groenten van het seizoen te vieren. Venetianen houden van een wat soepere risotto, dus voeg een extra lepel bouillon of water toe aan de afgewerkte risotto als je voor authenticiteit gaat.

6 kopjes <u>Kippen bouillon</u>

1 middelgrote gele ui, fijngehakt

4 eetlepels olijfolie

2 kopjes middelkorrelige rijst, zoals Arborio, Carnaroli of Vialone Nano

Zout en versgemalen zwarte peper

2 kopjes gepelde zachte erwten, of bevroren erwten, gedeeltelijk ontdooid

2 eetlepels fijngehakte platte peterselie

½ kopje vers geraspte Parmigiano-Reggiano

2 eetlepels ongezouten boter

1. Bereid indien nodig de bouillon. Breng de bouillon op middelhoog vuur aan de kook en zet het vuur lager, zodat de bouillon net warm blijft. Giet de olie in een brede, zware pan. Voeg de ui toe en kook op middelhoog vuur tot de ui zacht en goudbruin is, ongeveer 10 minuten.

2. Voeg de rijst toe en kook, al roerend met een houten lepel, tot hij heet is, ongeveer 2 minuten. Voeg ongeveer een half kopje hete bouillon toe en roer tot het is opgenomen. Ga door met het toevoegen van bouillon, halve kop per keer, en roer na elke toevoeging. Pas het vuur zo aan dat de vloeistof snel kookt, maar dat de rijst niet aan de pan blijft plakken. Halverwege het koken zout en peper naar smaak erdoor roeren.

3. Voeg de erwten en peterselie toe. Blijf de vloeistof toevoegen en roeren. De rijst moet zacht en toch stevig aanvoelen, en de risotto moet een losse, enigszins soepachtige consistentie hebben. Gebruik heet water als de bouillon op is. De kooktijd bedraagt 18 tot 20 minuten.

4. Als de rijst zacht en toch stevig is, haal je de pan van het vuur. Voeg de kaas en de boter toe en roer goed. Serveer onmiddellijk.

Lenterisotto

Risotto Primavera

Voor 4 tot 6 porties

Kleine stukjes kleurrijke groenten sieren deze heldere en smaakvolle risotto. De groenten worden stapsgewijs toegevoegd, zodat ze niet te gaar worden.

6 kopjes groentebouillon of water

3 eetlepels ongezouten boter

1 eetlepel olijfolie

1 middelgrote ui, fijngehakt

1 kleine wortel, gehakt

1 kleine malse knolselderijrib, fijngehakt

2 kopjes middelkorrelige rijst, zoals Arborio, Carnaroli of Vialone Nano

1/2 kop verse of bevroren erwten

1 kopje gesneden champignons, welke soort dan ook

6 asperges, schoongemaakt en in stukken van 1/2 inch gesneden

Zout en versgemalen zwarte peper

1 grote tomaat, zonder zaadjes en in blokjes gesneden

2 eetlepels fijngehakte verse bladpeterselie

1/ kopje vers geraspte Parmigiano-Reggiano

1. Bereid indien nodig de bouillon. Breng de bouillon op middelhoog vuur aan de kook en zet het vuur lager, zodat de bouillon net warm blijft. Meng in een brede, zware pan 2 eetlepels boter en de olie op middelhoog vuur. Als de boter is gesmolten, voeg je de ui toe en kook tot hij goudbruin wordt, ongeveer 10 minuten.

2. Voeg de wortel en de bleekselderij toe en kook 2 minuten. Roer de rijst erdoor tot hij goed bedekt is.

3. Voeg een half kopje bouillon toe en kook, onder voortdurend roeren met een houten lepel, tot de vloeistof is opgenomen. Blijf 1/2 kopje bouillon per keer toevoegen, roer na elke toevoeging, gedurende 10 minuten. Pas het vuur zo aan dat de vloeistof snel kookt, maar dat de rijst niet aan de pan blijft plakken.

4. Roer de erwten, champignons en de helft van de asperges erdoor. Voeg zout en peper naar smaak toe. Ga door met het toevoegen van bouillon en roer nog 10 minuten. Roer de

resterende asperges en tomaat erdoor. Voeg de bouillon toe en roer tot de rijst stevig maar toch zacht is en de risotto romig is. Als je denkt dat het klaar is, proef dan een paar granen. Als je er nog niet klaar voor bent, test dan over ongeveer een minuut opnieuw.

5. Haal de risottopan van het vuur. Smaak voor kruiden. Roer de peterselie en de resterende boter erdoor. Roer de kaas erdoor. Serveer onmiddellijk.

Risotto met Tomaten en Fontina

Risotto met Pomodori en Fontina

Maakt 6 porties

Echte Fontina Valle d'Aosta heeft een uitgesproken smaak die nootachtig, fruitig en aards is, in tegenstelling tot fontina die elders wordt gemaakt. Het is de moeite waard om op zoek te gaan naar deze risotto uit Noordwest-Italië. Dit gerecht past goed bij een bloemige witte wijn zoals Arneis, uit de nabijgelegen regio Piemonte.

5 kopjes<u>Kippen bouillon</u>

3 eetlepels ongezouten boter

1 middelgrote ui, fijngehakt

1 kopje gepelde, gezaaide en gehakte tomaten

2 kopjes middelkorrelige rijst, zoals Arborio, Carnaroli of Vialone Nano

1/2 kop droge witte wijn

Zout en versgemalen zwarte peper

4 ons Fontina Valle d'Aosta, versnipperd

1/ kopje vers geraspte Parmigiano-Reggiano

1. Bereid indien nodig de bouillon. Breng de bouillon op middelhoog vuur aan de kook en zet het vuur lager, zodat de bouillon net warm blijft. Smelt de boter in een grote, zware pan op middelhoog vuur. Voeg de ui toe en kook, af en toe roerend, tot de ui zacht en goudbruin is, ongeveer 10 minuten.

2. Roer de tomaten erdoor. Kook tot het grootste deel van de vloeistof is verdampt, ongeveer 10 minuten.

3. Voeg de rijst toe en kook, al roerend met een houten lepel, tot hij heet is, ongeveer 2 minuten. Giet de wijn en een half kopje bouillon over de rijst. Kook en roer tot het grootste deel van de vloeistof is opgenomen.

4. Ga door met het toevoegen van bouillon, ongeveer een halve kop per keer, en roer na elke toevoeging. Pas het vuur zo aan dat de vloeistof snel kookt, maar dat de rijst niet aan de pan blijft plakken. Ongeveer halverwege de kooktijd op smaak brengen met peper en zout.

5. Gebruik slechts zoveel bouillon als nodig is, totdat de rijst zacht en toch stevig aanvoelt en de risotto romig is. Als je denkt dat het klaar is, proef dan een paar granen. Als je er nog niet klaar voor bent, test dan over ongeveer een minuut opnieuw. Als de

bouillon op is voordat de rijst gaar is, gebruik dan heet water. De kooktijd bedraagt 18 tot 20 minuten.

6. Haal de risottopan van het vuur. Roer de kazen erdoor. Smaak voor kruiden. Serveer onmiddellijk.

Risotto van garnalen en selderij

Risotto met Gamberi en Sedano

Maakt 6 porties

Veel Italiaanse recepten worden op smaak gebracht met een soffritto, een combinatie van olie of boter, of soms beide, en aromatische groenten, waaronder ui, selderij, wortel, knoflook en soms kruiden. Soms wordt zout varkensvlees of pancetta aan een soffritto toegevoegd voor een vlezige smaak.

Zoals de meeste Italiaanse koks die ik ken, doe ik de ingrediënten voor de soffritto het liefst in één keer in de pan en zet dan het vuur aan, zodat alles opwarmt en zachtjes kookt en ik de resultaten beter kan controleren. Ik roer de soffritto vaak en kook soms tot de groenten net verwelkt zijn voor een milde smaak, of tot ze goudbruin zijn voor meer diepte. Als je in plaats daarvan eerst de olie of boter verwarmt, kan het vet te heet worden als de pan dun is, de hitte iets te hoog is, of als je even afgeleid bent. Wanneer de andere soffritto-aroma's worden toegevoegd, worden ze te snel en ongelijkmatig bruin.

De soffritto voor dit recept uit Emilia-Romagna wordt in twee fasen gemaakt. Het begint met alleen de olijfolie en de ui, omdat ik wil dat de ui zijn smaak aan de olie afgeeft en wat naar de achtergrond verdwijnt. De tweede fase is het koken van de bleekselderij, peterselie en knoflook, zodat de bleekselderij een beetje knapperig blijft en toch zijn smaak vrijgeeft en er met de peterselie en knoflook een extra smaaklaag ontstaat.

Als je garnalen met schelp koopt, bewaar dan de schelpen om er een smakelijke garnalenbouillon van te maken. Als je haast hebt, kun je gepelde garnalen kopen en gewoon de kippen- of visbouillon gebruiken, of zelfs water.

6 kopjes zelfgemaakt<u>Kippen bouillon</u>of visbestand uit de winkel

1 pond middelgrote garnalen

1 kleine ui, fijngehakt

2 eetlepels olijfolie

1 kopje fijngehakte selderij

2 teentjes knoflook, fijngehakt

2 eetlepels gehakte verse bladpeterselie

2 kopjes middelkorrelige rijst, zoals Arborio, Carnaroli of Vialone Nano

Zout en versgemalen zwarte peper naar smaak

1 eetlepel ongezouten boter of extra vergine olijfolie

1. Bereid indien nodig de bouillon. Pel vervolgens de garnalen en verwijder de darmen. Bewaar de schelpen. Snijd de garnalen in stukjes van een halve centimeter en zet opzij. Doe de schelpen met de bouillon in een grote pan. Breng aan de kook en kook 10 minuten. Zeef de bouillon en gooi de schelpen weg. Doe de bouillon terug in de pan en laat op een zeer laag vuur staan.

2. In een grote, zware pan kook je de ui in de olie op middelhoog vuur, onder regelmatig roeren, ongeveer 5 minuten. Roer de selderij, knoflook en peterselie erdoor en kook nog 5 minuten.

3. Voeg de rijst toe aan de groenten en roer goed door elkaar. Voeg een halve kop bouillon toe en kook al roerend tot de vloeistof is opgenomen. Ga door met het toevoegen van de bouillon, halve kop per keer, en roer na elke toevoeging. Pas het vuur zo aan dat de vloeistof snel kookt, maar dat de rijst niet aan de pan blijft plakken.

4. Als de rijst bijna klaar is, roer je de garnalen en zout en peper naar smaak erdoor. Gebruik slechts zoveel bouillon als nodig is, totdat de rijst zacht en toch stevig aanvoelt en de risotto vochtig en romig is. Als je denkt dat het klaar is, proef dan een paar granen. Als je er nog niet klaar voor bent, test dan over ongeveer

een minuut opnieuw. Als de bouillon op is voordat de rijst gaar is, gebruik dan heet water. De kooktijd bedraagt 18 tot 20 minuten.

5. Haal de risotto van het vuur. Voeg de boter of olie toe en roer tot het gemengd is. Serveer onmiddellijk.

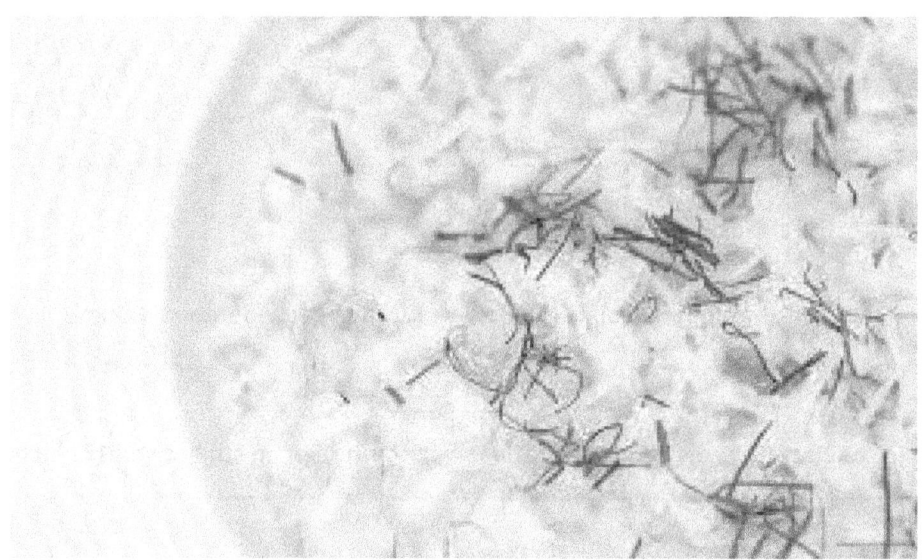

Risotto met "Zeevruchten"

Risotto met Frutti di Mare

Voor 4 tot 6 porties

Aan deze risotto kunnen kleine mosselen of mosselen worden toegevoegd, of zelfs stukjes stevige vis zoals tonijn. Koks in de Veneto, waar dit recept vandaan komt, geven de voorkeur aan de rijstvariëteit Vialone Nano.

6 kopjes Kippen bouillon of water

6 eetlepels olijfolie

2 eetlepels gehakte verse bladpeterselie

2 grote teentjes knoflook, fijngehakt

½ pond calamari (inktvis), in ringen van 1/2 inch gesneden en tentakels door de basis gehalveerd (zie Calamares (inktvis) schoonmaken)

¼ pond garnalen, gepeld en ontdaan van darmen en in stukjes van 1/2 inch gesneden

¼ pond sint-jakobsschelpen, in stukken van 1/2 inch gesneden

Zout

Snufje gemalen rode peper

1 middelgrote ui, fijngehakt

2 kopjes middelkorrelige rijst, zoals Arborio, Carnaroli of Vialone Nano

½ kop droge witte wijn

1 kopje gepelde, gezaaide en gehakte tomaten

1. Bereid indien nodig de bouillon. Doe 3 eetlepels olie met de knoflook en peterselie in een brede, zware pan. Kook op middelhoog vuur, af en toe roerend, tot de knoflook zacht en goudbruin is, ongeveer 2 minuten. Voeg alle zeevruchten, zout naar smaak en rode peper toe en kook al roerend tot de calamares net ondoorzichtig zijn, ongeveer 5 minuten.

2. Schep de zeevruchten met een schuimspaan op een bord. Voeg de kippenbouillon toe aan de pan en breng aan de kook. Bewaar de bouillon op een zeer laag vuur tijdens het koken van de risotto.

3. In een grote, zware pan, op middelhoog vuur, kook je de ui in de resterende 3 eetlepels olie tot ze goudbruin zijn, ongeveer 10 minuten.

4. Voeg de rijst toe en kook, al roerend met een houten lepel, tot hij heet is, ongeveer 2 minuten. Roer de wijn erdoor. Kook tot het grootste deel van de vloeistof is opgenomen. Voeg een half kopje hete bouillon toe en roer tot de vloeistof is opgenomen. Ga door met het toevoegen van de bouillon, halve kop per keer, en roer na elke toevoeging. Pas het vuur zo aan dat de vloeistof snel kookt, maar dat de rijst niet aan de pan blijft plakken. Roer ongeveer halverwege het koken de tomaat en zout naar smaak erdoor.

5. Gebruik slechts zoveel bouillon als nodig is, totdat de rijst zacht en toch stevig aanvoelt en de risotto romig is. Als je denkt dat het klaar is, proef dan een paar granen. Als je er nog niet klaar voor bent, test dan over ongeveer een minuut opnieuw. Als de bouillon op is voordat de rijst gaar is, gebruik dan heet water. De kooktijd bedraagt 18 tot 20 minuten.

6. Voeg de zeevruchten toe aan de pan en kook nog 1 minuut. Haal de risottopan van het vuur. Serveer onmiddellijk.

Risotto "Zee en Berg".

Risotto Maremonti

Maakt 6 porties

Als je in Italië de term maremonti op een menu ziet staan, kun je er zeker van zijn dat het gerecht zeevruchten en paddenstoelen bevat, die de zee en de bergen vertegenwoordigen. Het is een intrigerende combinatie in deze risotto.

6 kopjes in de winkel gekochte groentebouillon of water

3 eetlepels ongezouten boter

¼ kop fijngehakte sjalotjes

10 ons cremini of witte champignons, in dunne plakjes gesneden

Zout en versgemalen zwarte peper

2 kopjes middelkorrelige rijst, zoals Arborio, Carnaroli of Vialone Nano

12 ons gepelde en ontdarmde garnalen, in stukjes van 1/2 inch gesneden

⅟ kopje vers geraspte Parmigiano-Reggiano

1. Breng de bouillon in een grote pan op middelhoog vuur aan de kook en zet het vuur lager zodat de bouillon net warm blijft. Smelt 2 eetlepels boter in een brede, zware pan op middelhoog vuur. Voeg de sjalotten en champignons toe. Kook, onder regelmatig roeren, tot de sappen verdampen en de champignons bruin beginnen te worden, ongeveer 10 minuten. Roer naar smaak zout en peper erdoor.

2. Voeg de rijst toe en kook, al roerend met een houten lepel, tot hij heet is, ongeveer 2 minuten. Voeg een half kopje hete bouillon toe en roer tot de vloeistof is opgenomen. Ga door met het toevoegen van de bouillon, halve kop per keer, en roer na elke toevoeging. Pas het vuur zo aan dat de vloeistof snel kookt, maar dat de rijst niet aan de pan blijft plakken. Roer ongeveer halverwege het koken de garnalen en zout en peper naar smaak erdoor.

3. Gebruik slechts zoveel bouillon als nodig is, totdat de rijst zacht en toch stevig aanvoelt en de risotto romig is. Als je denkt dat het klaar is, proef dan een paar granen. Als je er nog niet klaar voor bent, test dan over ongeveer een minuut opnieuw. Als de bouillon op is voordat de rijst gaar is, gebruik dan heet water. De kooktijd bedraagt 18 tot 20 minuten.

4. Haal de risottopan van het vuur. Roer de resterende 1 eetlepel boter erdoor. Roer de kaas erdoor en serveer onmiddellijk.

Zwarte Risotto

Risotto alle Seppie

Voor 4 tot 6 porties

In Venetië verandert calamares (inktvis) of inktvisinkt traditioneel deze risotto in een kaviaarachtige tint zwart. Bij de meeste zeevruchten in de Verenigde Staten is het inktzakje verwijderd voordat je het koopt, maar bij de meeste viswinkels kun je inktvisinkt kopen in kleine plastic envelopjes. De calamares en de inkt ervan zijn zo smaakvol dat ik deze risotto met water maak in plaats van met bouillon, zodat niets de zilte smaak kan verstoren.

6 kopjes water

4 eetlepels olijfolie

1 middelgrote ui, fijngehakt

1 teentje knoflook, fijngehakt

300 gram calamari (inktvis), in ringen van 1/2 inch gesneden en tentakels door de basis gehalveerd (zieCalamares (inktvis) schoonmaken)

Zout en versgemalen zwarte peper

1 kopje droge witte wijn

2 kopjes middelkorrelige rijst, zoals Arborio, Carnaroli of Vialone Nano

1 tot 2 theelepels inktvis- of inktvisinkt (optioneel)

1 tot 2 eetlepels extra vergine olijfolie

1. Breng het water in een middelgrote pan op middelhoog vuur aan de kook en zet het vuur lager zodat het water net warm blijft.

2. Giet 4 eetlepels olie in een brede, zware pan. Voeg de ui toe en kook op middelhoog vuur, onder regelmatig roeren, tot ze zacht en goudbruin zijn, ongeveer 10 minuten. Voeg de calamares toe en zout en peper naar smaak. Dek de pan af en kook 10 minuten. Voeg de wijn toe en kook nog 1 minuut.

3. Voeg de rijst toe en kook, roer met een houten lepel, tot het heet is, ongeveer 2 minuten. Voeg een half kopje heet water toe en roer tot de vloeistof is opgenomen. Ga door met het toevoegen van het water, halve kop per keer, en roer na elke toevoeging. Pas het vuur zo aan dat de vloeistof snel kookt, maar dat de rijst niet aan de pan blijft plakken. Roer halverwege het koken de inktvisinkt erdoor, indien gebruikt, en zout naar smaak.

4. Gebruik slechts zoveel water als nodig is, totdat de rijst zacht en toch stevig aanvoelt en de risotto romig is. Als je denkt dat het klaar is, proef dan een paar granen. Als je er nog niet klaar voor

bent, test dan over ongeveer een minuut opnieuw. De kooktijd bedraagt 18 tot 20 minuten.

5. Haal de risottopan van het vuur. Roer de olie erdoor tot het gemengd is. Serveer onmiddellijk.

Krokante Risottopannenkoek

Risotto al Salto

Voor 2 tot 4 porties

Deze gouden risottopannenkoek is knapperig van buiten en romig van binnen. In Milaan wordt de pannenkoek risotto al salto genoemd, wat 'springende risotto' betekent, omdat hij in hete boter wordt gekookt, waardoor het lijkt alsof hij uit de pan springt. Hoewel de Milanezen de pannenkoek doorgaans met een restje bereiden<u>Saffraanrisotto, Milanese stijl</u>Ik gebruik allerlei soorten risotto en maak deze soms speciaal voor dit doel.

Je kunt de pannenkoek op vele manieren serveren: puur, met tomatensaus en bestrooid met kaas, of als basis voor een stoofpot. Je kunt het in partjes snijden voor bij een salade of als voorgerecht. Je kunt ook kleine pannenkoeken ter grootte van een zilveren dollar maken voor individuele hapjes of snacks.

2 kopjes koude overgebleven risotto

1 groot ei, losgeklopt

2 eetlepels ongezouten boter

1. Meng de risotto en het ei in een middelgrote kom tot alles goed gemengd is.

2. Smelt 1 eetlepel boter in een middelgrote koekenpan met anti-aanbaklaag op middelhoog vuur. Voeg de risotto toe en strijk hem glad met een lepel. Kook tot ze knapperig en goudbruin zijn op de bodem, ongeveer 5 minuten.

3. Draai de pannenkoek op een bord. Smelt de resterende boter en schuif de pannenkoek terug in de pan. Maak het goed plat met de achterkant van de lepel. Kook tot ze goudbruin zijn, nog 4 tot 5 minuten.

4. Laat de pannenkoek op een bord glijden. Snijd in punten en serveer warm.

Konijn, Porchetta-stijl

Coniglio in Porchetta

Maakt 4 porties

De combinatie van kruiden die worden gebruikt om geroosterd varkensvlees te maken is zo heerlijk dat koks het hebben aangepast aan ander vlees dat gemakkelijker te bereiden is. In de regio Marche wordt wilde venkel gebruikt, maar gedroogd venkelzaad kan ook worden vervangen.

1 konijn (2½ tot 3 pond), in 8 stukken gesneden

Zout en versgemalen zwarte peper

2 eetlepels olijfolie

2 ons pancetta

3 teentjes knoflook, fijngehakt

2 eetlepels gehakte verse rozemarijn

1 eetlepel venkelzaad

2 of 3 salieblaadjes

1 laurierblad

1 kopje droge witte wijn

½ kopje water

1. Spoel de stukken konijn af en dep ze droog met keukenpapier. Bestrooi met zout en peper.

2. Verhit de olie in een koekenpan die groot genoeg is om de stukken konijn in één laag te houden op middelhoog vuur. Leg de stukken in de pan. Verdeel de pancetta rondom. Kook tot het konijn aan één kant bruin is, ongeveer 8 minuten.

3. Draai het konijn om en strooi de knoflook, rozemarijn, venkel, salie en laurier eromheen. Wanneer het konijn aan de tweede kant bruin is, na ongeveer 7 minuten, voeg je de wijn toe en roer je, terwijl je de bodem van de pan schraapt. Laat de wijn 1 minuut sudderen.

4. Kook onafgedekt en draai het vlees af en toe, tot het konijn heel zacht is en loskomt van het bot, ongeveer 30 minuten. (Voeg een beetje water toe als de pan te droog wordt.)

5. Gooi het laurierblad weg. Leg het konijn op een serveerschaal en serveer warm met het pan-sap.

Konijn met Tomaten

Coniglio alla Ciociara

Maakt 4 porties

In de regio Ciociara buiten Rome, bekend om zijn heerlijke gerechten, wordt konijn gestoofd in tomatensaus en witte wijn.

1 konijn (2½ tot 3 pond), in 8 stukken gesneden

2 eetlepels olijfolie

2 ons pancetta, in dikke plakken gesneden en gehakt

2 eetlepels gehakte verse bladpeterselie

1 teentje knoflook, licht geplet

Zout en versgemalen zwarte peper

1 kopje droge witte wijn

2 kopjes gepelde, gezaaide en gehakte pruimtomaten

1. Spoel de stukken konijn af en dep ze droog met keukenpapier. Verhit de olie in een grote koekenpan op middelhoog vuur. Leg het konijn in de pan en voeg de pancetta, peterselie en knoflook

toe. Kook tot het konijn aan alle kanten mooi bruin is, ongeveer 15 minuten. Bestrooi met zout en peper.

2. Haal de knoflook uit de pan en gooi deze weg. Roer de wijn erdoor en laat 1 minuut koken.

3. Zet het vuur laag. Roer de tomaten erdoor en kook tot het konijn zacht is en loskomt van het bot, ongeveer 30 minuten.

4. Leg het konijn op een serveerschaal en serveer warm met de saus.

www.ingramcontent.com/pod-product-compliance
Lightning Source LLC
Chambersburg PA
CBHW050148130526
44591CB00033B/1208